# 진리편독삼자경
# 眞理便讀三字經

개화기의 기독교 입문서

사무엘 마펫 저
이복규 편

學古房

# 머리말

-≪진리편독삼자경(眞理便讀三字經)≫의 해제를 겸하여-

이 책은 사무엘 마펫(Samuel Moffett)이 펴낸 ≪진리편독삼자경≫을 현대 독자가 읽을 수 있도록 다듬은 것이다. ≪진리편독삼자경≫은 송나라 때 편찬되어 광범위하게 퍼진 ≪삼자경(三字經)≫을 응용해 만든 기독교 입문서이다. ≪삼자경(三字經)≫은 ≪백가성(百家姓)≫, ≪천자문≫과 함께 중국의 3대 몽학서(蒙學書) 즉 아동용 교재인데, 기독교에서 그 인기를 이용하여 기독교 교리를 세 글자씩 압축하여 담은 것이 ≪진리편독삼자경(眞理便讀三字經)≫이다. 형식은 동일하나 그 내용 면에서 하나는 유교의 핵심 가르침을 담았고, 하나는 기독교의 핵심 가르침을 담았다.

≪삼자경(三字經)≫을 응용해 기독교 전파를 위한 ≪진리편독삼자경≫을 처음 만든 이는 중국에 선교사로 파견된 그리피스 존(Griffith John)이다. 1880년에 이 ≪진리편독삼자경≫을 중국 한구(漢口)에서 출간하였다. 그 제목을 직역하면, '진리를 쉽게 읽게 하는 삼자경'이다. 기독교 진리를 어린이를 포함해 누구나 쉽게 읽고 이해할 수 있도록 기독교의 교리를 세 글자씩으로 압축한 책이라 하겠다. 모두 16장으로 구성되어 있는데, 각 장의 분량은 일정하지 않다.

그리피스 존의 ≪진리편독삼자경≫이 중국인을 대상으로 한 책이라 순한문으로 되어 있어 조선 사람이 읽기에는 어려우므로, 조선인 독자를 위해 1895년에 사무엘 마펫이 한국어로 번역하여 펴냈다. 사무엘 마펫의 ≪진리편독삼자경≫은, 그리피스 존의 원본과 마찬가지로 16개의 장으로 이루어져 있다. 1. 獨一上帝(독일상제), 2. 封神之謬(봉신지류), 3. 萬有眞原(만유진원), 4. 聖賢敬帝(성현경제), 5. 人之本源(인지본원), 6. 鬼神之別(귀신지별), 7. 歌頌上主(가송상주), 8. 救世眞主(구세진주), 10. 聖神感化(성신감화), 10. 福音聖教(복음성교), 11. 去假歸眞(거가귀진), 12 詳論禱告(상론도고), 13. 審判善惡(심판선악), 14. 聖教經典(성교경전), 15. 畧引聖經(약인성경), 16. 警醒幼童(경성유동) 등이 그것이다. 이들 각 장에 한자 석 자를 한 성구(成句)로 하여 기독교의 교리를 설명하였다. 한 성구를 이루는 한자의 각각에는 그 밑에 한글로 그 한자의 훈과 음을 달고, 각 성구의 아래에는 한글로 토를 달아 놓아 읽을 수 있도록 하였다. 장별로 성구가 끝난 뒤에는 이에 대한 언해문을 달아 놓고 있다.

사무엘 마펫의 ≪진리편독삼자경≫은 현재 세 가지 판본이 있는데. 그 하나는 고려대학교 신암문고에 소장되어 있는 것으로, 1895년에 간행된 책이다. 표제면에 '서력일천팔백구십오년'(西曆一千八百九十五年)이라는 간기가 있다. 이 책의 특대자와 한글 소자는 모두 목활자이다. 이 책이 지니고 있는, 다른 이본과의 차이는 권수제(卷首題)와 항목제(項目題)에는 석음을 달지 않았다는 점이다. 또 한 이본은 간기가 없는 구(舊) 김양선(金良善) 장서본으로 첩지에 '父親遺物, 一八九五年 耶蘇教書會刊(부친유물, 1895년 야소교서회간)'이란 글이 있고 첫장에는 '第36號 金良善藏書, 家寶(제36호 김양선장서, 가보)'라는 방형(方形) 고무인이 찍혀 있다. 또 하나는 1908년에 간행된 것으로서 한국기독교역사박물관, 국립중앙도서관, 고려대학교 신암문고 소장본이다. 앞에 '서력일천구백팔년'(西曆一千九百八年)이란 간기가 있다. 이 책은 연인본(鉛印本)이다. 이 세 이본의 차이는 아주 미미한 것이라 어느 것을 선택해도 무방할 정도이다. 이 책에서는, 보존상태가 양호한 1908년본을 대본으로 삼되, 그리피스의 원본과 차이가 있는 부분마다 주석 항목에서 그 내용을 적어 주었다.

내가 이 책의 존재를 안 것은, 한영제 장로가 설립한 한국기독교역사박

물관에서 개관 기념으로 만든 우리나라 초기 전도문서 영인자료 시리즈를 받았을 때이다. 유교의 ≪삼자경(三字經)≫만 알고 있다가 이런 책이 있다는 것을 알고 읽으면서 감동을 받았고 재미도 느꼈다. '회개(悔改)'를 '뉘우치고 고치기'라고 한다든지 '십자가(十字架)'를 '십자 형틀'이라고 하는 등 직역투의 번역이 주는 새로운 충격도 좋았고, 하나님을 '상제(上帝)'로 불렀던 것, 성경에 등장하는 인명과 지명을 한자 음을 빌어 '아백란(아브라함)', '백리항(베들레헴)' 등으로 적은 것도 재미있었다. 유교 및 동양의 문화와 기독교 복음 간에는 차이와 함께 같은 점이 있다는 것을 우리에게 익숙한 한문 용어를 동원해 펼치고 있는 점도 매우 인상적이었다.

그때만이 아니라 지금도 이 책을 이용하면 한자와 한문 공부도 하면서 기독교 진리를 깨칠 수 있겠다는 확신을 가졌다. 하나님, 인간, 예수 그리스도, 성령, 복음, 기도, 심판, 성경, 교회와 성례 등 기독교의 주요 교리의 핵심을 잘 정리해 놓았기 때문이다. 나 혼자만 알기에는 아까워 틈틈이 다듬었다. 원문은 개화기 문체로 되어 있어 요즘 독자가 읽기에는 부담스러우므로, 현행 한글맞춤법에 맞추어 새로 옮기고 손질하였다. 등장하는 한자들을 따로 모아 그 음과 훈을 적어주고, 어려운 단어는 주석란을 두어 풀어주었으며, 중요한 내용에 대해서는 해설을 추가하였다.

부록에. 이 책이 텍스트로 삼은 1908년의 ≪진리편독삼자경≫을 영인해 실었다. 그 당시의 표기법을 연구하는 데도 유익한 자료로 이용될 수 있을 것이다. 그리피스 존이 엮은 ≪진리편독삼자경≫(1880)의 원문과 이들 기독교 삼자경을 산출시킨 중국의 유교 ≪삼자경≫의 본문도 실어 기독교 삼자경과 비교할 수 있게 했다. 맨 끝에 이 책의 텍스트인 사무엘 마펫의 ≪진리편독삼자경≫(1908)에 나오는 한자 780여 자를 대상으로 '한자 색인'을 만들어 제시하였다.

바라기는 이 책을 읽음으로써, 한자와 한문도 공부하고, 기독교를 모르는 이들은 기독교를 이해하고, 기독교인들은 유교를 비롯한 동양의 전통 문화와 비교해 기독교가 지닌 독자성이 무엇인지 알게 되었으면 한다. 일거양득 또는 일거삼득의 유익을 주는 내용이라 믿기에, 신학교나 기독교 계통 학교에서 한문 교재로 이용하면 참 좋겠다는 희망이다.

2012년 가을을 맞이하며
서경대 한림관 704호 연구실에서
이복규

# 차 례

[부 록]

# 1.

## 獨一上帝[홀로 한 분이신 하나님]
독일상제

大造主는 卽上帝시니 帝是誰오 聽仔細하라
대조주 즉상제 제시수 청자세

**1 해석** 크게 조성하신 주님은 곧 하나님이시니, 하나님 이분은 누구신가 자세히 들어라

**2 한자풀이** 獨(홀로 독) 一(한 일) 上(위 상) 帝(임금 제) 大(큰 대) 造(만들 조) 卽(곧 즉) 上(위 상) 帝(임금 제) 是(이 시) 誰(누구 수) 聽(들을 청) 仔(자세할 자) 細(가늘 세)

**3 주석** 하나님을 '상제(上帝)'라 표현하고 있다. 한자 문화권에서 기독교를 처음 받아들였을 때 최고신을 무엇이라 부를지에 대해 논쟁이 있었다. '신(神)'이냐 '상제(上帝)'냐가 그 핵심이었다. 중국에서는 '상제(上帝)'가, 일본에서는 '신(神)'이 우세한 편이었다. 한국

에서도 마찬가지 논쟁을 벌이다가 가톨릭에서는 순우리말인 '하느님'을 그대로, 개신교에서는 '하느님'에다 유일신 개념을 가미하여 '하나님'이라는 절묘한 용어를 창안하였다. 한편 기독교의 '상제'는 도교의 옥황상제와는 구별되는 개념인바, 도교 이전에 쓰던 용어이다.

**4 해 설** 기독교의 최고신인 하나님이 어떤 분인지, 성경에 입각하여 창조주임을 가장 먼저 강조하였다. 동양 전래의 '조물주' 개념과도 연결시키기 위해 '크게 조성하신 임금님(大造主)'이라는 표현을 사용하되, 종래에는 그 조물주가 어떤 분인지 자세하게 설명하지 못하고 있는 점을 노려, 자세하게 설명할 테니 들어보라 권유하고 있다.

## 天與地와 人與物을 皆上帝가 親造出이시니라
천여지 인여물 개상제 친조출

**1 해 석** 하늘과 땅과 사람과 만물을 다 하나님께서 친히 지어내셨다.

**2 한자풀이** 天(하늘 천) 與(더불 여) 地(땅 지) 人(사람 인) 物(사물 물) 皆(다 개) 上(위 상) 帝(임금 제) 親((친할 친) 造(만들 조) 出(나갈 출)

**3 주 석** 이 경우의 '與'는 '더불 여'가 아니라 '및'의 뜻으로 쓰였다.

**4 해 설** 기독교에서는 창조론을 믿고 있다. 천지가 스스로 개벽하여 만물과 사람이 생겨났다는 동양의 관념과도 다르고, 생명이 우연히 발생하여 발전하였다는 다윈의 진화론과도 다르다. 창조주 하나님이 친히 천지 즉 우주와 사람과 만물을 직접 만드셨다고 믿는다는 점을 분명하게 드러내고 있다.

**論上帝컨대 本無形이시며 止獨一이시니 是眞神이시니라**
논상제 본무형 지독일 시진신

**1 해 석** 하나님에 대해 논하자면, 본래 형용이 없으시고 홀로 한 분뿐이시니, 이에 참 신이시다.

**2 한자풀이** 論(논할 논) 上(윗 상) 帝(임금 제) 本(근본 본) 無(없을 무) 形(형상 형) 止(그칠 지) 獨(홀로 독) 是(이 시) 眞(참 진) 神(귀신 신)

**3 주 석** 여기에서의 '止'는 '그칠 지'가 아니라 별 뜻이 없는 '어조사 지'로 쓰였다.

**4 해 설** 기독교의 특징은 그 신의 형상을 만들지 않는 점이다. 그렇게 하는 근본 배경을 이 대목에서 말하고 있다. 신은 영이므로 본래부터 형체가 없다는 것이다. 이런 신은 세상에 하나밖에 없으며, 그래서 하나님만이 참 신이라 주장한다.

**全知能이시며 全聖義시며 全仁善이시며 無變易이시며**
전지능 전성의 전인선 무변역

**1 해 석** 온전히 아시고 능하시며, 온전히 거룩하고 옳으시며, 온전히 어질고 착하시며, 변함과 바뀜이 없으시며,

**2 한자풀이** 全(온전 전) 知(알 지) 能(능할 능) 聖(거룩할 성) 義(옳을 의) 仁(어질 인) 善(착할 선) 無(없을 무) 變(변할 변) 易(바꿀 역)

**3해 설** 사람을 비롯한 피조물과 구별되는 창조주 하나님의 특성을 설명하였다. 전지전능한 분, 완전하게 거룩하고 의로우신 분, 완전한 사랑과 선함 그 자체이신 분, 영원불변하신 분이라고 설명한다. 그러므로 인간이 믿을 만한 분이라는 것이다.

**無始終이시니 大本源이시니라 爲天地와 萬物先에**
무시종 대본원 위천지 만물선

**1해 석** 처음과 나중이 없으시니, 큰 근본의 근원이시다. 하늘과 땅과 만물이 만들어지기 전에

**2한자풀이** 無(없을 무) 始(처음 시) 終(마칠 종) 大(큰 대) 本(근본 본) 源(근원 원) 爲(할 위) 天(하늘 천) 地(땅 지) 萬(일만 만) 物(물건 물) 先(먼저 선)

**3해 설** 현상계의 모든 것 즉 피조물은 시간의 제약을 받아 그 시작이 있고 종말이 있는데, 창조주 하나님은 시간을 초월해 계시므로 처음과 나중이 없다. 그것을 성경에서는 알파와 오메가라고 한다. 그런 가운데에서 모든 것을 존재하게 하는 분이니 근본되는 근원이라고 설명하고 있다.

**居天堂하사 顯榮愛하시니 然其體는 無不在하시니**
거천당 현영애 연기체 무부재

**1해 석** 천당에 계시사 영광과 사랑하심을 나타내셨으나 그 본체는 계시지 않은 곳이 없으시니,

**2한자풀이** 居(거할 거) 天(하늘 천) 堂(집 당) 顯(나타날 현) 榮(영화 영) 愛(사랑 애) 然(그러나 연) 其(그 기) 體(몸 체) 無(없을 무) 不(아니 불) 在(있을 재)

**3해 설** 창조주 하나님은 천당에 계시는 분 즉 피조물과는 차원이 다른 분으로서 영광스러움과 사랑을 나타내 보이신다. 천당에 계시다고 해서 공간의 제약을 받으시는 분이 아니니, 안 계신 곳이 없는 분 즉 도처에 동시에 존재하시는 분이 하나님의 본질이다.

**有萬物(유만물)이 由上帝(유상제)라 此眞道(차진도)니 當知悉(당지실)이어다**

**1해 석** 만물이 상제(하나님)를 말미암아 있다. 이 분이 참 도이니 마땅히 알지어다.

**2한자풀이** 有(있을 유) 萬(일만 만) 物(물건 물) 由(말미암을 유) 上(위 상) 帝(임금 제) 此(이 차) 眞(참 진) 道(길 도) 當(마땅 당) 知(알 지) 悉(다 실)

**3주 석** 여기 쓰인 '有'는 아무런 뜻이 없다. 글자 수를 맞추기 위해 들어갔을 따름이다.

**4해 설** 인간을 포함한 만물이 모두 상제 즉 하나님으로 말미암아

존재한다. 그분이 창조주이고 우리는 그 피조물이다. 이 하나님을 동양 전래의 용어로 표현하면 '道(도)'이다. 그러니 인간이라면 이 분에 대해서 마땅히 알아야만 한다. 우리 존재의 원인이자 근거이므로. 마치 자식이 그 부모를 알아봐야 하는 것처럼.

## 2.

## 封神之謬 [인간을 신으로 모시는 잘못]
봉신지류

廟中佛과 菩薩們과 同玉皇과 千萬神을
묘중불 보살문 동옥황 천만신

**1 해 석** 사당 가운데의 부처와 보살들과 옥황상제와 천만 가지의 신을

**2 한자풀이** 封(봉할 봉) 神(귀신 신) 之(갈 지) 謬(그릇될 류) 廟(사당 묘) 中(가운데 중) 佛(부처 불) 菩(보살 보) 薩(보살 살) 們(무리 문) 同(같을 동) 玉(구슬 옥) 皇(임금 황) 千(일천 천) 萬(일만 만) 神(귀신 신)

**3 주 석** '同玉皇'의 '同'은 특별한 뜻이 없이 글자수를 맞추기 위해 들어간 것이거나, '앞의 것들과 같은' 정도의 뜻이다. 이 대목의 '옥황'은 도교의 '옥황상제'로서, '상제'와는 구별된다고 보아야 한다.

이 책에서의 '상제'는 절대자, 창조자, 유일신으로서의 '하나님'을 가리키는 용어로 특별하게 사용되고 있는바, 도교가 발생하기 이전에 중국에서 쓰던 개념을 기독교에서 차용한 것이다. '봉신(封神)'은 흙을 모아 단을 쌓고 신을 모시는 것이다.

**人心想하여 人手出하니 非主宰요 唯土木이라**
인심상 인수출 비주재 유토목

**1 해 석** 사람의 마음으로 생각하여 사람의 손으로 만들어 내니 주재자는 아니요 오직 흙과 나무일 따름이다.

**2 한자풀이** 人(사람 인) 心(마음 심) 想(생각 상) 手(손 수) 出(나갈 출) 非(아닐 비) 主(주인 주) 宰(주관할 재) 唯(오직 유) 土(흙 토) 木(나무 목)

**3 주 석** '주재(主宰)'는 '주재자(主宰者)' 즉 '어떤 일을 중심이 되어 맡아 처리하는 존재'

**4 해 설** 각종 우상은 사람이 흙이나 나무 따위를 재료로 삼아 만들어 낸 것이므로 주재자가 될 수 없다는 것을 밝히고 있다.

**彼偶像은 盡虛空이니 敬拜之라도 毫無用이요**
피우상 진허공 경배지 호무용

1해 석 저 허수아비는 다 헛것이니 공경하여 절할지라도 털끝만큼도 쓸데없고

2한자풀이 彼(저 피) 偶(인형 우) 像(모양 상) 眞(참 진) 虛(빌 허) 空(빌 공) 敬(공경 경) 拜(절 배) 之(이 지) 毫(터럭 호) 無(없을 무) 用(쓸 용)

3해 설 우상은 헛된 것이므로 숭배해도 쓸데가 없다는 것 즉 아무런 유익이 없다는 것을 밝히고 있다.

**釋迦佛(석가불)은 是凡夫(시범부)라 其本國(기본국)은 卽天竺(즉천축)이요**

1해 석 석가불 즉 석가모니 부처님은 범상한 사람이니 그 본국은 천축국 즉 인도요.

2한자풀이 釋(풀 석) 迦(막을 가) 佛(부처 불) 是(이 시) 凡(무릇 범) 夫(사나이 부) 其(그 기) 本(근본 본) 國(나라 국) 卽(곧 즉) 天(하늘 천) 竺(나라이름 축)

3주 석 '석가(釋迦)'는 '석가모니(釋迦牟尼)'의 약칭, '범부(凡夫)'는 '평범한 사내', '천축'은 '인도'의 옛 이름이다.

4해 설 석가모니를 신격화하고 있는데 원래는 천축국 즉 인도에서 살았던 인간임을 밝힘으로써 기독교와 불교의 차이를 드러내고 있다.

諸菩薩은 佛徒弟라 稱爲神이 大悖理로다
제보살 불도제 칭위신 대패리

**1 해 석** 모든 보살은 부처의 제자인데도 일컫기를 신이라고 하는 것은 크게 이치에 어긋난다.

**2 한자풀이** 諸(모두 제) 菩(보살 보) 薩(보살 살) 佛(부처 불) 徒(무리 도) 弟(제자 제) 稱(일컬을 칭) 爲(할 위) 神(귀신 신) 大(큰 대) 悖(어그러질 패) 理(이치 리)

**3 주 석** '보살'은 '위로 보리를 구하고 아래로 중생을 제도하는, 대승 불교의 이상적 수행자상'이다.

張玉帝는 後漢人이라 徽宗時에 封爲神이요
장옥제 후한인 휘종시 봉위신

**1 해 석** 장옥제는 후한 사람인데 휘종 때에 봉하여 신을 삼고

**2 한자풀이** 張(성 장) 玉(구슬 옥) 帝(임금 제) 後(뒤 후) 漢(한나라 한) 人(사람 인) 徽(아름다울 휘) 宗(마루 종) 時(때 시) 封(봉할 봉) 爲(할 위) 神(귀신 신)

**3 주 석** 민간전설에 의하면 옥제(玉帝)의 원래 성명은 장견(張堅)이며 정월 9일에 태어났는데, 도교를 숭배하던 송나라 황제인 휘종(1082~1135) 때 신격화했다고 밝히고 있다.

**聞太師로 爲雷祖하고 東嶽帝는 黃飛虎요**
문태사 위뇌조 동악제 황비호

**1 해 석** 문태사를 벼락의 신으로 삼았고, 동악제는 황비호이고

**2 한자풀이** 聞(들을 문) 太(클 태) 師(스승 사) 爲(할 위) 雷(우레 뢰) 祖(조상 조) 東(동녘 동) 嶽(큰 산 악) 帝(임금 제) 黃(누를 황) 飛(날 비) 虎(범 호)

**3 주 석** 문태사(聞太師)는 소설 『봉신연의(封神演義)』의 중심인물로서, 민간신앙에서 섬기는 벼락신(雷神)이다. 東嶽帝는 소설 『봉신연의(封神演義)』에 의하면, 상(商)나라 주왕(紂王)의 대신이었는데 후에 주(周)나라 무왕(武王)을 좇은 황비호(黃飛虎)라고 한다.

**4 해 설** 도교의 뇌신과 동악제 모두 원래는 인간이었음을 밝히고 있다.

**趙玄壇은 生紂時하고 劉長生으로 爲祖師하니**
조현단 생주시 유장생 위조사

**1 해 석** 조현단은 은나라 주왕(紂王) 때에 태어난 사람이고, 유장생은 조사가 되었으니

**2 한자풀이** 趙(나라 조) 玄(검을 현) 壇(단 단) 生(날 생) 紂(주임금 주) 時(때 시) 劉(성 유) 長(길 장) 生(날 생) 爲(할 위) 祖(조상 조) 師(스승 사)

**3주 석** 조현단은 조 원수(趙元帥)를 말한다. 이름은 낭(朗)이나, 공명(公明)이라는 자로 더 널리 알려져 있다. 조공명은 진(秦) 나라 때 산중으로 피난하여 수련 끝에 옥황상제로부터 신소부수(神霄副帥), 주령뢰정부원수(主領雷霆副元帥) 등에 임명되었으며, 또한 천사(天師) 장도릉(張道陵)이 선단(仙丹)을 수련할 때 옥황상제로부터 현단대원수(玄壇大元帥)에 임명되어 단로(丹爐)를 수호하러 강림했다고 한다. 검은 호랑이를 타고 다녔다고 한다.

**此一類는 生是人이요 到死後에 只是魂이어늘**
차일류 생시인 도사후 지시혼

**1해 석** 이들은 살아서는 사람이었고 죽음에 이른 후에는 다만 영혼일 따름이었거늘

**2한자풀이** 此(이 차) 一(한 일) 類(무리 류) 生(날 생) 是(이 시) 人(사람 인) 到(이를 도) 死(죽을 사) 後(뒤 후) 只(다만 지) 是(이 시) 魂(넋 혼)

**人封神하니 風俗敗라 最虛空이요 最邪壞니**
인봉신 풍속패 최허공 최사괴

**1해 석** 사람을 봉하여 신이라 하니 풍속이 잘못된 것으로서 가장

헛되고 가장 간사하니

**2 한자풀이** 人(사람 인) 封(봉할 봉) 神(귀신 신) 風(바람 풍) 俗(풍속 속) 敗(무너질 패) 最(가장 최) 虛(빌 허) 空(빌 공) 邪(간사할 사) 壞(무너질 괴)

**向彼等(향피등)하여 同然求(동연구)라도 無權能(무권능)과 害與救(해여구)니라**

**1 해 석** 저희를 향하여 함께 구할지라도 권세와 능력과 해롭게 함과 구원함이 없느니라.

**2 한자풀이** 向(향할 향) 彼(저 피) 等(가지런할 등) 同(한가지 동) 然(그러할 연) 求(구할 구) 無(없을 무) 權(권세 권) 能(능할 능) 害(해칠 해) 與(어조사 여) 救(건질 구)

**3 주 석** 앞 구절이 원본에는 '對彼等 徒然求'로 되어 있다.

**人該敬(인해경)은 乃上帝(내상제)시니 無有二(무유이)한 是眞理(시진리)니라**

**1 해 석** 사람이 마땅히 공경할 것은 하나님이시니 둘이 없는 참 이치시니라.

**2 한자풀이** 人(사람 인) 該(그 해) 敬(공경할 경) 乃(이에 내) 上(위 상) 帝(임금 제) 無(없을 무) 有(있을 유) 二(두 이) 是(이 시) 眞(참 진) 理(다스릴 리)

**看此章**하여 **當去假**하고 **敬上帝**하면 **福無涯**니라
간차장 당거가 경상제 복무애

**1 해 석** 이 글을 보아 마땅히 거짓을 버리고 하나님을 공경하면 복이 한량없을 것이니라.

**2 한자풀이** 看(볼 간) 此(이 차) 章(글 장) 當(당할 당) 去(갈 거) 假(거짓 가) 敬(공경할 경) 上(위 상) 帝(임금 제) 福(복 복) 無(없을 무) 涯(물가 애)

# 3.

## 萬有眞原 [만유의 참 근원]
만유진원

造萬物을 帝創首에 乃從無하여 而造有하시니
조만물 제창수 내종무 이조유

**1 해 석** 하나님께서 만물을 창조하실 처음에, 없음으로 있음을 만드시니

**2 한자풀이** 萬(일만 만) 有(있을 유) 眞(참 진) 原(근원 원) 造(지을 조) 萬(일만 만) 物(만물 물) 帝(임금 제) 創(비롯할 창) 首(머리 수) 乃(이에 내) 從(좇을 종) 無(없을 무) 而(말이을 이) 造(지을 조)

**淸氣天이요 濁氣地니 未造時에 無二氣라**
청기천 탁기지 미조시 무이기

1해 석 맑은 기운은 하늘이 되고 흐린 기운은 땅이 되니, 창조하지 않은 때에는 이 두 기운이 없는지라.

2한자풀이 淸(맑을 청) 氣(기운 기) 天(하늘 천) 濁(흐릴 탁) 氣(기운 기) 地(땅 지) 未(아닐 미) 造(지을 조) 時(때 시) 無(없을 무) 二(두 이)

**此二氣, 與五行이 非自有요 帝造成이시니**
차이기 여오행 비자유 제조성

1해 석 이 두 기운과 오행이 스스로(저절로) 있음이 아니요 하나님께서 조성하셨으니

2한자풀이 此(이 차) 二(두 이) 氣(기운 기) 與(더불 여) 五(다섯 오) 行(갈 행) 非(아닐 비) 自(스스로 자) 有(있을 유) 帝(임금 제) 造(지을 조) 成(이룰 성)

**無造有가 實神妙로다 除上帝면 無能造니라**
무조유 실신묘 제상제 무능조

1해 석 없는 것으로 있는 것을 만든 것이 실로 신묘하도다. 하나님

이 아니면 능히 만들지 못하느니라.

**2 한자풀이** 無(없을 무) 造(지을 조) 有(있을 유) 實(열매 실) 神(귀신 신) 妙(묘할 묘) 除(덜 제) 上(위 상) 帝(임금 제) 無(없을 무) 能(능할 능) 造(지을 조)

**造天地와 萬物全하시되 大功成이 只六天이시니라**
조천지 만물전 대공성 지육천

**1 해 석** 천지를 만드시고 만물을 온전히 하시되 큰 공을 이루심이 다만 여섯 날 만에 하시니라.

**2 한자풀이** 造(지을 조) 天(하늘 천) 地(땅 지) 萬(일만 만) 物(만물 물) 全(온전할 전) 大(큰 대) 功(공 공) 成(이룰 성) 只(다만 지) 六(여섯 륙) 天(하늘 천)

**3 주 석** '육천(六天)'은 중국어로서 '여섯째날'임.

**第七天에는 做何事요 爲安息하여 傳於世하시니**
제칠천 주하사 위안식 전어세

**1 해 석** 일곱째 날에는 무슨 일을 하셨는가? 안식하사 세상에 전하시니

**2 한자풀이** 第(차례 제) 七(일곱 칠) 天(하늘 천) 做(지을 주) 何(어찌 하) 事(일 사) 爲(할 위) 安(편안할 안) 息(숨쉴 식) 傳(전할 전) 於(어조사 어) 世(대 세)

**3 주 석** 칠천(七天)은 중국어로서 '일곱째날'임.

**安息日은 人該守니 乃教規라 垂永久니라**
안식일 인해수 내교규 수영구

**1 해 석** 안식일은 사람이 마땅히 지킬 것이니 곧 기독교의 규범이라 영원히 이어져야 할 것이니라.

**2 한자풀이** 安(편안할 안) 息(숨쉴 식) 日(날 일) 人(사람 인) 該(그 해) 守(지킬 수) 乃(이에 내) 教(가르칠 교) 規(법 규) 垂(드리울 수) 永(길 영) 久(오랠 구)

**敬天地는 非所宜요 敬上帝는 乃合理라**
경천지 비소의 경상제 내합리

**1 해 석** 천지를 공경하는 것은 마땅한 것이 아니요, 하나님을 공경하는 것은 이치에 합당하니라

**2 한자풀이** 敬(공경할 경) 天(하늘 천) 地(땅 지) 非(아닐 비) 所(바 소)

宜(마땅할 의) 敬(공경할 경) 上(위 상) 帝(임금 제) 乃(이에 내) 合(합할 합) 理(다스릴 리)

**天覆我하고 地載我하니 爲我用이라 祭不可로다**
천복아 지재아 위아용 제불가

**1 해 석** 하늘은 나를 덮고 땅은 실었으니 내게 이용이 되는지라 제사함이 옳지 아니하도다.

**2 한자풀이** 天(하늘 천) 覆(뒤집힐 복) 我(나 아) 地(땅 지) 載(실을 재) 我(나 아) 爲(할 위) 我(나 아) 用(쓸 용) 祭(제사 제) 不(아닐 불) 可(가할 가)

**3 해 설** 자연물 숭배를 배격하고 있다. 자연물은 인간을 위해 존재하는 것인데, 그 자연물을 숭배하여 제사지내는 것은 잘못이라고 지적하고 있다.

**譬天地컨대 像房屋이요 譬上帝면 像父母하니**
비천지 상방옥 비상제 상부모

**1 해 석** 천지는 비유컨대 집과 같고, 하나님은 비유컨대 부모와 같으니

**2 한자풀이** 譬(비유할 비) 天(하늘 천) 地(땅 지) 像(형상 상) 房(방 방) 屋(집 옥) 譬(비유할 비) 上(위 상) 帝(임금 제) 像(형상 상) 父(아비 부) 母(어미 모)

**拜房屋은 禮不應이오 敬父母는 分內情이라**
배방옥 예불응 경부모 분내정

**1 해 석** 집에다 절하는 것은 예절에 상응하는 것이 아니고, 부모를 공경하는 것은 직분 안에 속하는 일이라

**2 한자풀이** 拜(절 배) 房(방 방) 屋(집 옥) 禮(예도 례) 不(아닐 불) 應(응할 응) 敬(공경할 경) 父(아비 부) 母(어미 모) 分(나눌 분) 內(안 내) 情(뜻 정)

**錯認天하여 爲上帝하니 乃大謬라 最可惜이로다**
착인천 위상제 내대류 최가석

**1 해 석** 하늘을 잘못 알아서 하나님이라고 하니, 이는 크게 잘못된 지라 가장 가석한 일이로다

**2 한자풀이** 錯(섞일 착) 認(알 인) 天(하늘 천) 爲(할 위) 上(위 상) 帝(임금 제) 乃(이에 내) 大(큰 대) 謬(그릇될 유) 最(가장 최) 可(가할 가) 惜(아낄 석)

**3 해 설** 하늘과 상제를 구별하고 있다. 하늘은 피조물이고 상제는 창조주이니 동일시해서는 안 된다고 지적하고 있다.

**人多云하되 盤古氏가 分天地하고 首御世라하니**
인다운 반고씨 분천지 수어세

**1 해 석** 사람이 많이들 이르되, 반고씨가 하늘과 땅을 나누고 처음으로 세상을 어거(御車)하였다 즉 다스렸다고 하니

**2 한자풀이** 人(사람 인) 多(많을 다) 云(이를 운) 盤(소반 반) 古(옛 고) 氏(씨 씨) 分(나눌 분) 天(하늘 천) 地(땅 지) 首(머리 수) 御(어거할 어) 世(대 세)

**3 주 석** 반고는 천지가 개벽될 당시에 맨 먼저 나와서 세상을 다스렸다는 중국 신화 속의 인물이다. 동양은 개벽신화를, 성경의 창세기는 창조신화를 싣고 있어 비교된다. 개벽신화에는 이미 존재한 세계였는데 무질서 상태에서 질서 상태로 발전되어 갔다고 설명하는데, 창세기에서는 전혀 아무 것도 없던 상태에서 말씀으로 세계가 창조되었다고 설명하고 있다.

**此等話는 毫無據라 乃是人이 捏造語로다**
차등화 호무거 내시인 날조어

**1 해 석** 이런 말은 털끝만큼도 근거가 없는지라. 이는 사람이 지어낸 말이로다

**2 한자풀이** 此(이 차) 等(가지런할 등) 話(말할 화) 毫(가는 털 호) 無(없을 무) 據(의거할 거) 乃(이에 내) 是(이 시) 人(사람 인) 捏(이길 날) 造(지을 조) 語(말씀 어)

**昔孔子가 刪古書할새 其定斷이 自唐虞라**
석공자 산고서 기정단 자당우

**1 해 석** 옛적에 공자가 옛 책들을 정리할새, 그 확정해 끊어내기를 도당(陶唐)씨인 요 임금과 우(虞)씨인 순 임금부터 한지라

**2 한자풀이** 昔(예 석) 孔(구멍 공) 子(아들 자) 刪(깎을 산) 古(옛 고) 書(글 서) 其(그 기) 定(정할 정) 斷(끊을 단) 自(스스로 자) 唐(당나라 당) 虞(성 우)

**3 주 석** 당우(唐虞)는 당요(唐堯)와 우순(虞舜)의 시대로, 요순시대를 말하며, 태평 시대를 가리킨다. 당은 요, 우는 순의 나라 이름이다.

**故四書와 及五經에 皆不載, 盤古名이요**
고사서 급오경 개부재 반고명

**1해 석** 그러므로 사서와 오경에 모두 반고의 이름을 기록하지 아니하였고

**2한자풀이** 故(옛 고) 四(넉 사) 書(글 서) 及(미칠 급) 五(다섯 오) 經(날 경) 皆(다 개) 不(아닐 불) 載(실을 재) 盤(소반 반) 古(옛 고) 名(이름 명)

**3주 석** 사서는 유교의 경전인 ≪논어≫, ≪맹자≫, ≪중용≫, ≪대학≫을 통틀어 이르는 말. 오경은 유학의 다섯 가지 경서. 시경, 서경, 주역, 예기, 춘추가 있다.

**因三皇이 茫無稽하여 司馬遷이 概不題어든**
인삼황 망무계 사마천 개부제

**1해 석** 삼황 시절의 일이 아득하여 상고할 길이 없기 때문에 사마천이 쓰지 아니하였거든

**2한자풀이** 因(인할 인) 三(석 삼) 皇(임금 황) 茫(아득할 망) 無(없을 무) 稽(머무를 계) 司(맡을 사) 馬(말 마) 遷(옮길 천) 概(대개 개) 不(아닐 불) 題(표제 제)

**3주 석** 사마천은 중국 전한(前漢)의 역사가(B.C.145~B.C.86). 자는 자장(子長). 기원전 104년에 공손경(公孫卿)과 함께 태초력(太初曆)을 제정하여 후세 역법의 기초를 세웠으며, 역사책 ≪사기≫를 완성하였다.

況盤古는 三皇前이라 更虛幻하니 不須言이니라
황반고 삼황전 경허환 불수언

**1 해 석** 하물며 반고는 삼황보다도 그 이전이라 더욱 허황하니, 모름지기 말할 것이 아니니라.

**2 한자풀이** 況(하물며 황) 盤(소반 반) 古(옛 고) 三(석 삼) 皇(임금 황) 前(앞 전) 更(고칠 경) 虛(빌 허) 幻(변할 환) 不(아닐 불) 須(모름지기 수) 言(말씀 언)

**3 주 석** 삼황은 중국 고대 전설에 나오는 세 명의 임금. 천황씨(天皇氏)·지황씨(地皇氏)·인황씨(人皇氏)로 보는 설과 수인씨·복희씨·신농씨로 보는 설이 있으며, 복희씨·신농씨·헌원씨로 보는 설 따위의 여러 학설이 있다.

卽一草와 卽一木도 天下人은 做不出이어든
즉일초 즉일목 천하인 주불출

**1 해 석** 풀 한 포기와 나무 한 그루도 세상 사람은 만들어 내지 못하거든

**2 한자풀이** 卽(곧 즉) 一(한 일) 草(풀 초) 木(나무 목) 天(하늘 천) 下(아래 하) 人(사람 인) 做(지을 주) 出(날 출)

**況天地는 實大哉라 豈盤古가 能分開리요?**
황천지 실대재 기반고 능분개

**1해 석** 하물며 천지는 실로 큰지라 어찌 반고가 능히 나누어 열었으리요?

**2한자풀이** 況(하물며 황) 天(하늘 천) 地(땅 지) 實(열매 실) 大(큰 대) 哉(어조사 재) 豈(어찌 기) 盤(소반 반) 古(옛 고) 能(능할 능) 分(나눌 분) 開(열 개)

**爾當知는 帝能力으로 親創造, 天與地하시고**
이당지 제능력 친창조 천여지

**1해 석** 너희는 마땅히 하나님의 능력으로 친히 천지를 창조하시고

**2한자풀이** 爾(너 이) 當(당할 당) 知(알 지) 帝(임금 제) 能(능할 능) 力(힘 력) 親(친할 친) 創(비롯할 창) 造(지을 조) 天(하늘 천) 與(어조사 여) 地(땅 지)

**3주 석** '親創造'가 원본에는 '手創造'로 되어 있다.

**統世界, 萬千數하사 只成帝, 一國度니라.**
통세계 만천수 지성제 일국도

**1 해 석** 세계의 천만 가지를 거느리사, 다만 하나님의 한 나라 법도를 이루신 것을 알지니라.

**2 한자풀이** 統(거느릴 통) 世(대 세) 界(지경 계) 萬(일만 만) 千(일천 천) 數(셀 수) 只(다만 지) 成(이룰 성) 帝(임금 제) 一(한 일) 國(나라 국) 度(법도 도)

# 4.

## 聖賢敬帝 [성현들의 하나님 공경]
성현경제

此上帝는 古人知하여 常敬拜하니 畧言之하노라
차상제 고인지 상경배 약언지

**1 해 석** 하나님은 옛 사람이 알아 항상 공경하고 절하였으니 약간 말하겠노라

**2 한자풀이** 聖(거룩할 성) 賢(어질 현) 敬(공경 경) 帝(임금 제) 此(이 차) 上(위 상) 古(옛 고) 人(사람 인) 知(알 지) 常(항상 상) 敬(공경할 경) 拜(절 배) 略(대강 략) 言(말씀 언) 之(이 지)

類上帝는 虞舜行이요 昭受帝는 夏禹訓이라
유상제 우순행 소수제 하우훈

1 해 석 하나님께 제사드린 것은 우씨였던 순 임금의 행함이요, 밝히 하나님께로부터 받은 것은 하나라 우 임금의 가르침이라.

2 한자풀이 類(제사이름 류) 上(위 상) 帝(임금 제) 虞(성 우) 舜(순임금 순) 行(갈 행) 昭(밝을 소) 受(받을 수) 夏(여름 하) 禹(하우씨 우) 訓(가르칠 훈)

3 주 석 類(류)는 하늘에 지내는 제사임. 출정할 때 먼저 유제를 지낸다.

4 해 설 중국 역사에서 이상적인 제왕으로 여겨지는 순 임금과 우 임금도 하나님을 공경했다는 사실을 말함으로써 하나님 신앙의 보편성 또는 역사성을 강조하고 있다. 중국 역사에서 상제 신앙이 입증되는 것은 은나라 때부터라고 현재 알려져 있는데, 이 『진리편독삼자경』에서는 그 이전인 순 임금과 우 임금 때도 상제 즉 하나님 신앙이 있었다고 서술하고 있다.

皇上帝가 惟降衷은 成湯言이니 理最通이로다
황상제 유강충 성탕언 이최통

1 해 석 "크신 하나님께서 정성을 내리신다."라고 한 것은 탕왕의 말씀이니 이치가 가장 통하였도다.

**2 한자풀이** 皇(임금 황) 上(위 상) 帝(임금 제) 惟(생각할 유) 降(내릴 강) 衷(속마음 충) 成(이룰 성) 湯(사람이름 탕) 言(말씀 언) 理(다스릴 리) 最(가장 최) 通(통할 통)

**3 주 석** 강충(降衷)이란, 하늘이 사람에게 명(命)을 내려 주어, 인(仁), 의(義), 예(禮), 지(智), 신(信)의 이치가 마음에 갖추어져 있는 것을 말한다. ≪서경(書經)≫ 탕고(湯誥)에, 탕(湯)임금이 만방의 백성들에게 고한 말 중에 "크신 상제께서 백성에게 충을 내렸다[惟皇上帝 降衷于下民]"고 하였다. 성탕은 탕왕(湯王)'의 다른 이름으로서 B.C. 18세기경에 활동한 중국의 황제이다. 태을(太乙)이라고도 한다. 하(夏 : B.C. 22~19/18세기)나라를 멸망시키고 상(商), 즉 은(殷 : B.C. 18~12세기)나라를 세웠다.

**有上帝는 湯王畏하여 敢不正, 夏桀罪라 하니라**
유상제 탕왕외 감부정 하걸죄

**1 해 석** 하나님이 계시다는 것을 성왕과 탕왕이 두려워한 나머지, "감히 하나라 걸왕의 죄를 바로잡지 않으리요?"라 하니라.

**2 한자풀이** 有(있을 유) 上(위 상) 帝(임금 제) 湯(사람이름 탕) 王(임금 왕) 畏(두려워할 외) 敢(감히 감) 不(아닐 불) 正(바를 정) 夏(여름 하) 桀(하왕이름 걸) 罪(허물 죄)

**3 주 석** 걸(桀)은 중국 하(夏)나라의 마지막 왕(제17대). 이름은 제리계(帝履癸). 은(殷)의 주왕(紂王)과 나란히 중국 상고시대(上古時

代)의 폭군으로 대표된다.

**周文王은 或陟降이 在上帝의 左右旁이라 하고**
주문왕 혹척강 재상제 좌우방

**1 해 석** "주나라 문왕의 오르내리심이 하나님의 좌우에 계시니라." 라고 『시경』에서 말하였고

**2 한자풀이** 周(두루 주) 文(글월 문) 王(임금 왕) 或(혹 혹) 陟(오를 척) 降(내릴 강) 在(있을 재) 上(위 상) 帝(임금 제) 左(왼 좌) 右(오른쪽 우) 旁(곁 방)

**3 주 석** 『시경』「대아(大雅)」에 "문왕이 위에 계시사, 아, 하늘에서 밝게 빛나시니 주나라가 비록 옛 나라이나 그 명이 오직 새롭도다. 주나라가 드러나지 아니하랴. 상제의 명이 때가 아니랴. 문왕이 오르내림이 상제의 좌우에 계시니라."라는 대목이 있다. 이는 문왕의 신이 하늘에 있어 한 번 오르고 내림에 하나님의 좌우에 있지 않을 때가 없었다는 말이다. 죽어서도 하나님과 함께 있어 주 나라가 천명을 받아 건국될 수 있도록 도왔다는 사실을 드러내는 시이다.

**佑下民하시고 作君師하사 相上帝는 武王詞이니라**
우하민 작군사 상상제 무왕사

**1 해 석** "백성을 도와 임금과 스승을 만드시어 하나님을 돕는다." 라고 한 것은 무왕의 말이니라.

**2 한자풀이** 佑(도울 우) 下(아래 하) 民(백성 민) 作(지을 작) 君(임금 군) 師(스승 사) 相(서로 상) 上(위 상) 帝(임금 제) 武(굳셀 무) 王(임금 왕) 詞(말씀 사)

**3 주 석** 무왕은 B.C. 12세기 중국에서 활동한 주(周 : B.C. 1111~255)의 창건자이며 제1대 황제(B.C. 1111~04 재위). 이름은 희발(姬發). 후대의 유학자들은 그를 현군(賢君)으로 평가했다. 아버지 문왕(文王)의 뒤를 이어 서쪽 변경에 있던 도시국가 주의 우두머리가 되었다. 서백(西伯)이라는 칭호를 사용했던 문왕 때부터 은나라(殷 : B.C. 18~12세기)를 무너뜨릴 계획을 세웠다. 무왕은 아버지의 뒤를 이어 다른 8개의 변경국가들과 연합하여 은의 마지막 황제이며 폭군이던 주왕(紂王)을 몰아냈다. 은과의 마지막 전투는 대단히 치열했다고 한다. 은의 생존자들은 한반도 같은 먼 지역으로 달아나 이들 지역에 중국문화를 전파한 것으로 보인다. 무왕은 주를 세우고 나서 동생 주공(周公)의 도움을 받아 봉건적인 통치제도를 수립함으로써 통치권을 강화했다.

**郊社禮는 事上帝니 孔子言이 非無意로다.**
교사례 사상제 공자언 비무의

**1 해 석** 교사하는 예는 하나님을 섬김이니, 공자의 말이 뜻 없는 것

이 아니로다.

**2 한자풀이** 郊(성 밖 교) 社(토지의 신 사) 禮(예도 례) 事(섬길 사) 上(위 상) 帝(임금 제) 孔(성 공) 子(당신 자) 言(말씀 언) 非(아닐 비) 無(없을 무) 意(뜻 의)

**3 주 석** '孔子言'이 원본에는 '孔聖言'으로 되어 있다.

**孟子言**하되 **人雖惡**이나 **能齋浴**이면 **祀帝可**라 하니
맹자언 인수악 능재욕 사제가

**1 해 석** 맹자가 말하되, "사람이 비록 악하나 능히 재계(齋戒)하고 목욕(沐浴)하면 하나님께 제사할 수 있다."라 하니

**2 한자풀이** 孟(맹자 맹) 子(아들 자) 言(말씀 언) 人(사람 인) 雖(비록 수) 惡(악할 악) 能(능할 능) 齋(재계할 재) 浴(목욕할 욕) 祀(제사 사) 帝(임금 제) 可(가할 가)

**此類語**는 **說不盡**이로다 **惜世人**은 **心不明**하여
차류어 설부진 석세인 심불명

**1 해 석** 이같은 말은 말로 다하지 못하겠도다. 안타깝다! 세상 사람은 마음이 밝지 못하여

**2 한자풀이** 此(이 차) 類(무리 류) 語(말씀 어) 說(말씀 설) 不(아닐 불) 盡(다할 진) 惜(아낄 석) 世(대 세) 人(사람 인) 心(마음 심) 不(아닐 불) 明(밝을 명)

錯認佛과 玉皇等과 天與地와 千萬神을
착인불 옥황등 천여지 천만신

**1 해 석** 잘못 안 나머지, 부처와 옥황상제와 하늘과 땅과 천만 가지 귀신(鬼神)을

**2 한자풀이** 錯(섞일 착) 認(알 인) 佛(부처 불) 玉(옥 옥) 皇(임금 황) 等(가지런할 등) 天(하늘 천) 與(어조사 여) 地(땅 지) 千(일천 천) 萬(일만 만) 神(귀신 신)

**3 주 석** 원본에는 '錯認佛　菩薩們　天與地　玉皇等'으로 되어 있다.

爲上帝하며 爲主宰하여 瀆眞主하니 實可哀로다
위상제 위주재 독진주 실가애

**1 해 석** 하나님이라 하며 주재자라 하여 참되신 주를 모독하니 실로 슬프도다.

**2 한자풀이** 爲(할 위) 上(위 상) 帝(임금 제) 主(주인 주) 宰(재상 재)

瀆(더럽힐 독) 眞(참 진) 主(주인 주) 實(열매 실) 可(옳을 가) 哀(슬플 애)

**勸爾衆하노니 速醒悟하여 免上帝의 動義怒하라**
권이중 속성오 면상제 동의로

1 해 석 너희 무리를 권하노니 속히 깨달아 하나님의 의로운 노하심을 면하라

2 한자풀이 勸(권할 권) 爾(너 이) 衆(무리 중) 速(빠를 속) 醒(깰 성) 悟(깨달을 오) 免(면할 면) 上(위 상) 帝(임금 제) 動(움직일 동) 義(옳을 의) 怒(성낼 노)

**一同來, 心意虔하여 敬上帝하고 莫迷眩이어다**
일동래 심의건 경상제 막미현

1 해 석 함께 같이 와서 마음과 뜻을 정성스럽게 하여 하나님을 공경하고 미혹되지 말지어다.

2 한자풀이 一(한 일) 同(한가지 동) 來(올 래) 心(마음 심) 意(뜻 의) 虔(정성 건) 敬(공경할 경) 上(위 상) 帝(임금 제) 莫(없을 막) 迷(미혹할 미) 眩(아찔할 현)

# 5.

## 人之本源 [인간의 본원]
인지본원

**亞當男이요 夏娃女니 普天下, 人始祖로다**
아당남 하와녀 보천하 인시조

**1 해 석** 아당(아담)은 사나이요 하와는 계집이니, 온 천하 사람의 시조로다.

**2 한자풀이** 人(사람 인) 之(갈 지) 本(근본 본) 源(근원 원) 亞(버금 아) 當(당할 당) 男(사내 남) 夏(여름 하) 娃(어여쁜계집 와) 女(여자 녀) 普(널리 보) 天(하늘 천) 下(아래 하) 人(사람 인) 始(처음 시) 祖(조상 조)

**3 주 석** 아담을 한자로 옮기면서 '아당(亞當)'으로 적고 있다.

人之體, 兩位分하니 一肉身이요 一靈魂이라
인지체 양위분 일육신 일영혼

1 해 석 사람의 몸이 두 위로 나뉘었으니 하나는 육신이요 하나는 영혼이라.

2 한자풀이 人(사람 인) 之(갈 지) 體(몸 체) 兩(두 량) 位(자리 위) 分(나눌 분) 一(한 일) 肉(고기 육) 身(몸 신) 一(한 일) 靈(신령 령) 魂(넋 혼)

是何物로 做人身고 上帝用 土造成이요
시하물 주인신 상제용 토조성

1 해 석 이 무슨 물건으로 사람의 몸을 만들었느뇨? 하나님께서 흙으로 조성하신 것이요,

2 한자풀이 是(이 시) 何(어찌 하) 物(만물 물) 做(지을 주) 人(사람 인) 身(몸 신) 上(위 상) 帝(임금 제) 用(쓸 용) 土(흙 토) 造(지을 조) 成(이룰 성)

人之魂은 乃靈物이니 亦上帝의 所特賦니라
인지혼 내영물 역상제 소특부

1 해 석 사람의 혼은 이에 영한 물건이니 또한 하나님께서 특별히

부여하신 것이라.

**2 한자풀이** 人(사람 인) 之(갈 지) 魂(넋 혼) 乃(이에 내) 靈(신령 령) 物(만물 물) 亦(또 역) 上(위 상) 帝(임금 제) 所(바 소) 特(특히 특) 賦(구실 부)

**3 해 설** 흙으로 만든 사람의 코에 하나님이 숨[성령]을 불어넣음으로써 비로서 생령(生靈)이 되었다는 성경의 기록을 말한 것이다. 일반 동물과 인간의 차이를 강조하고 있다.

**爲氣物은 人之身이니 有形像이요 有死生이라**
위기물 인지신 유형상 유사생

**1 해 석** 기운이 되는 물건은 사람의 몸이니, 형상이 있으며 죽고 사는 것이 있는지라.

**2 한자풀이** 爲(할 위) 氣(기운 기) 物(만물 물) 人(사람 인) 之(갈 지) 身(몸 신) 有(있을 유) 形(모양 형) 像(형상 상) 死(죽을 사) 生(날 생)

**身死後에도 魂不亡하여 罰地獄하며 賞天堂하나니라**
신사후 혼불망 벌지옥 상천당

**1 해 석** 육신이 죽은 후에도 영혼은 없어지지 아니하여, 지옥으로 벌을 하며 천당으로 상을 주느니라.

**2 한자풀이** 身(몸 신) 死(죽을 사) 後(뒤 후) 魂(넋 혼) 不(아닐 불) 亡(망할 망) 罰(죄 벌) 地(땅 지) 獄(옥 옥) 賞(상줄 상) 天(하늘 천) 堂(집 당)

**有三魂은 乃虛語요 是一魂이 是眞理라**
유삼혼 내허어 시일혼 시진리

**1 해 석** 삼혼이 있다 함은 이에 헛된 말이요, 이는 하나의 영혼이 참된 이치니라

**2 한자풀이** 有(있을 유) 三(석 삼) 魂(넋 혼) 乃(이에 내) 虛(빌 허) 語(말씀 어) 是(이 시) 一(한 일) 魂(넋 혼) 眞(참 진) 理(다스릴 리)

**3 주 석** '是一魂'이 원본에는 '止一魂'으로 되어 있다.

**主造人을 象己像하시니 性唯善이요 心唯良이라**
주조인 상기상 성유선 심유량

**1 해 석** 주께서 사람 만드심을 자기 모양으로 형상하시니 성품이 오직 착하고 마음이 오직 어지니라.

**2 한자풀이** 主(주인 주) 造(지을 조) 人(사람 인) 象(본뜰 상) 己(자기 기) 像(형상 상) 性(성품 성) 唯(오직 유) 善(착할 선) 心(마음 심) 唯(오직 유) 良(좋을 량)

**3 주 석** 후반부가 원본에는 '性維善 心維良'으로 되어 있다.

**人始祖가 住埃田 華園內하여 樂無邊이러니**
인시조 주애전 화원내 낙무변

**1 해 석** 사람의 시조가 애전[에덴] 화원에 머물러 즐거움이 한량이 없더니

**2 한자풀이** 人(사람 인) 始(처음 시) 祖(조상 조) 住(살 주) 埃(티끌 애) 田(밭 전) 華(꽃 화) 園(동산 원) 內(안 내) 樂(즐거울 락) 無(없을 무) 邊(가 변)

**3 주 석** '에덴'을 한자로 옮기면서 '애전(埃田)'으로 적고 있다.

**後在園이라가 被逐出하여 是誰逐고 乃上帝시니라**
후재원 피축출 시수축 내상제

**1 해 석** 후에 동산에 있다가 쫓아 내침을 입었으니 이 누가 쫓았는고? 곧 하나님이시니라.

**2 한자풀이** 後(뒤 후) 在(있을 재) 園(동산 원) 被(미칠 피) 逐(쫓을 축) 出(날 출) 是(이 시) 誰(누구 수) 逐(쫓을 축) 乃(이에 내) 上(위 상) 帝(임금 제)

**3주 석** '被逐出'이 원본에는 '被逐去'로 되어 있다.

**爲何事로 受此刑고 因犯罪며 違帝命이니라**
위하사 수차형 인범죄 위제명

**1해 석** 무슨 일로 하여 이 형벌을 받았는고? 죄를 범하며 하나님의 명령 어김을 인함이니라

**2한자풀이** 爲(할 위) 何(어찌 하) 事(일 사) 受(받을 수) 此(이 차) 刑(형벌 형) 因(인할 인) 犯(범할 범) 罪(허물 죄) 違(어길 위) 帝(임금 제) 命(목숨 명)

**誰第一 犯帝法고 祖亞當과 與夏娃니라**
수제일 범제법 조아당 여하와

**1해 석** 누가 제일 하나님의 법을 범하였는고? 시조 아당(아담)과 및 하와니라

**2한자풀이** 誰(누구 수) 第(차례 제) 一(한 일) 犯(범할 범) 帝(임금 제) 法(법 법) 祖(조상 조) 亞(버금 아) 當(당할 당) 與(어조사 여) 夏(여름 하) 娃(어여쁜계집 와)

**繼亞當하여 做子孫하니 衆心內에 有惡根이라**
계아당 주자손 중심내 유악근

**1 해 석** 아당[아담]을 이어 자손이 만들어지니 뭇 사람의 마음 속에 악한 뿌리가 있는지라

**2 한자풀이** 繼(이을 계) 亞(버금 아) 當(당할 당) 做(지을 주) 子(아들 자) 孫(손자 손) 衆(무리 중) 心(마음 심) 內(안 내) 有(있을 유) 惡(악할 악) 根(뿌리 근)

**3 주 석** '繼亞堂'이 원본에는 '接亞當'으로 되어 있다.

**天下人이 皆一類니 無有一이 不犯罪니라**
천하인 개일류 무유일 불범죄

**1 해 석** 천하 사람이 다 한 부류이니 하나도 죄를 범하지 아니한 이가 없느니라.

**2 한자풀이** 天(하늘 천) 下(아래 하) 人(사람 인) 皆(다 개) 一(한 일) 類(무리 류) 無(없을 무) 有(있을 유) 一(한 일) 不(아닐 불) 犯(범할 범) 罪(허물 죄)

**3 주 석** 원본에는 '無有一'이 '無一箇 不犯罪'로 되어 있다.

# 6.

## 鬼神之別 [귀신과 하나님의 구별]
귀신지별

世人外에 有天使하니 爲帝用이요 成帝旨니라
세인외 유천사 위제용 성제지

**1 해 석** 세상사람 외에 천사가 있으니, 하나님의 쓰심이 되고 하나님의 뜻을 이루느니라.

**2 한자풀이** 鬼(귀신 귀) 神(귀신 신) 之(갈 지) 別(나눌 별) 世(대 세) 人(사람 인) 外(밖 외) 有(있을 유) 天(하늘 천) 使(하여금 사) 爲(할 위) 帝(임금 제) 用(쓸 용) 成(이룰 성) 帝(임금 제) 旨(뜻 지)

衆天使도 帝造成이시니 乃靈物이요 無肉身이라
중천사 제조성 내영물 무육신

1 해 석 여러 천사도 하나님께서 조성하신 것이니 이에 신령한 물건이요 육신이 없는지라

2 한자풀이 衆(무리 중) 天(하늘 천) 使(하여금 사) 帝(임금 제) 造(지을 조) 成(이룰 성) 乃(이에 내) 靈(신령 령) 物(만물 물) 無(없을 무) 肉(고기 육) 身(몸 신)

得救人이 受其助하나니 帝命之하사 常照顧하시느니라
득구인 수기조 제명지 상조고

1 해 석 구원을 얻는 사람들이 그 도움을 받나니, 하나님께서 명하사 항상 비추어 돌아보시느니라.

2 한자풀이 得(얻을 득) 救(건질 구) 人(사람 인) 受(받을 수) 其(그 기) 助(도울 조) 帝(임금 제) 命(목숨 명) 之(이 지) 常(항상 상) 照(비출 조) 顧(돌아볼 고)

3 주 석 '帝命之'가 원본에는 '奉帝命'으로 되어 있다.

**聖書中에 所言鬼는 非他物이요 魔一類라**
성서중 소언귀 비타물 마일류

1해 석 성서에 말한 바 귀신은 다른 물건이 아니요 마귀와 같은 부류이니라.

2한자풀이 聖(성스러울 성) 書(글 서) 中(가운데 중) 所(바 소) 言(말씀 언) 鬼(귀신 귀) 非(아닐 비) 他(다를 타) 物(만물 물) 魔(마귀 마) 一(한 일) 類(무리 류)

**諸邪魔를 初造時에 未犯法하여는 亦天使러니**
제사마 초조시 미범법 역천사

1해 석 모든 사귀와 마귀를 처음 만들 때에, 법을 범치 않았을 때는 또한 천사이러니

2한자풀이 諸(모든 제) 邪(간사할 사) 魔(마귀 마) 初(처음 초) 造(지을 조) 時(때 시) 未(아닐 미) 犯(범할 범) 法(법 법) 亦(또 역) 天(하늘 천) 使(하여금 사)

**因犯法으로 被帝趕하여 離高天하니 惡萬端이라**
인범법 피제한 이고천 악만단

1해 석 법을 범하므로 하나님으로부터 쫓아내심을 입어 높은 하늘

을 떠나니 일만 가지로 악한지라.

**2 한자풀이** 因(인할 인) 犯(범할 범) 法(법 법) 被(미칠 피) 帝(임금 제) 趕(달릴 간) 離(떼놓을 리) 高(높을 고) 天(하늘 천) 惡(악할 악) 萬(일만 만) 端(바를 단)

**專誘人하여 背上主케 하며 拜偶像하여 陷諸苦케 하나**
전유인 배상주 배우상 함제고

**1 해 석** 아울러 사람을 꾀어 하나님을 배반하게 하며 우상에게 절하여 모든 괴로움에 빠지게 하나

**2 한자풀이** 專(오로지 전) 誘(꾈 유) 人(사람 인) 背(등 배) 上(위 상) 主(주인 주) 拜(절 배) 偶(마침 우) 像(형상 상) 陷(빠질 함) 諸(모든 제) 苦(쓸 고)

**然邪魔도 終被逐하여 受永刑하고 下地獄이니라**
연사마 종피축 수영형 하지옥

**1 해 석** 그러하나 사귀와 마귀도 마침내 쫓음을 입어 영원한 형벌을 받고 지옥에 들어가느니라.

**2 한자풀이** 論(논할 론) 邪(간사할 사) 魔(마귀 마) 終(끝날 종) 被(미칠 피) 逐(쫓을 축) 受(받을 수) 永(길 영) 刑(형벌 형) 下(아래 하) 地(땅

지) 獄(옥 옥)

**論魔鬼**컨대 **聖書云**하시되 **卽鬼首**니 **爾當明**하라
논마귀 성서운 즉귀수 이당명

**1 해 석** 마귀에 대해 논하건대 성서에 이르되 곧 귀신의 우두머리라 하였으니 너희가 마땅히 밝히 알아라.

**2 한자풀이** 論(논할 론) 魔(마귀 마) 鬼(귀신 귀) 聖(성스러울 성) 書(글 서) 云(이를 운) 卽(곧 즉) 首(머리 수) 爾(너 이) 當(당할 당) 明(밝을 명)

**3 주 석** '論魔鬼'가 원본에는 '稱邪魔'로 되어 있다.

**眞上帝**를 **不敬拜**하고 **眞救主**를 **不依賴**하며
진상제 불경배 진구주 불의뢰

**1 해 석** 참되신 하나님을 공경치 아니하고 참되신 구주를 의지하지 아니하며

**2 한자풀이** 眞(참 진) 上(위 상) 帝(임금 제) 不(아닐 불) 敬(공경할 경) 拜(절 배) 救(건질 구) 主(주인 주) 依(의지할 의) 賴(힘입을 뢰)

**行世間, 諸邪事하면 卽稱爲, 魔鬼子니라**
행세간 제사사 즉칭위 마귀자

1 해 석 세상에서 모든 간악한 일만 행하면 곧 일컫기를 마귀의 아들이라 하느니라.

2 한자풀이 行(갈 행) 世(대 세) 間(사이 간) 諸(모든 제) 邪(간사할 사) 事(일 사) 卽(곧 즉) 稱(일컬을 칭) 爲(할 위) 魔(마귀 마) 鬼(귀신 귀) 子(아들 자)

**到死後에 此等人은 下地獄하여 受沈淪이니라**
도사후 차등인 하지옥 수침륜

1 해 석 죽은 후에 이러한 사람은 지옥에 내려뜨려져 침륜하는 고생을 받게 하느니라.

2 한자풀이 到(이를 도) 死(죽을 사) 後(뒤 후) 此(이 차) 等(가지런할 등) 人(사람 인) 下(아래 하) 地(땅 지) 獄(옥 옥) 受(받을 수) 沈(가라앉을 침) 淪(빠질 륜)

**邪魔來하여 迷惑人이면 靠己力하여는 敵不勝이리니**
사마래 미혹인 고기력 적불승

1 해 석 사귀와 마귀가 와서 사람을 미혹하면 자기의 힘을 의지하

여서는 대적을 이기지 못하리니

**2 한자풀이** 邪(간사할 사) 魔(마귀 마) 來(올 래) 迷(미혹할 미) 惑(미혹할 혹) 人(사람 인) 靠(기댈 고) 己(자기 기) 力(힘 력) 敵(원수 적) 不(아래 하) 勝(이길 승)

**靠主功하여 求天父께 賜聖神이면 能救護하리라**
고주공 구천부 사성신 능구호

**1 해 석** 주의 공로를 의지하여 하늘 아버지께 성신 주심을 구하면 능히 구원하리라.

**2 한자풀이** 靠(기댈 고) 主(주인 주) 功(공 공) 求(구할 구) 天(하늘 천) 父(아비 부) 賜(줄 사) 聖(성스러울 성) 神(귀신 신) 能(능할 능) 救(건질 구) 護(보호할 호)

# 7.

## 歌頌上主 [찬양해야 할 하나님]
가송상주

大主宰가 造天地하시고 造萬物하사 俱齊備하시니
대주재 조천지 조만물 구제비

**1 해 석** 크신 주재께서 천지를 만드시고 만물을 만드사 다 가지런히 갖추어 계시니

**2 한자풀이** 歌(노래 가) 頌(기릴 송) 上(위 상) 主(주인 주) 大(큰 대) 宰(재상 재) 造(지을 조) 天(하늘 천) 地(땅 지) 萬(일만 만) 物(만물 물) 俱(함께 구) 齊(가지런할 제) 備(갖출 비)

**大功能이 無旣極이라 該讚美를 永不息이니라**
대공능 무기극 해찬미 영불식

**1 해 석** 큰 공과 능하심이 이미 극진한지라 당연히 찬미하기를 영영히 쉬지 아니할지니라.

**2 한자풀이** 大(큰 대) 功(공 공) 能(능할 능) 無(없을 무) 旣(이미 기) 極(다할 극) 該(그 해) 讚(기릴 찬) 美(아름다울 미) 永(길 영) 不(아닐 불) 息(숨쉴 식)

**晝有日하여 光滿天하고 夜有月하여 照無邊하며**
주유일 광만천 야유월 조무변

**1 해 석** 낮에는 해가 있어 빛이 하늘에 가득하고, 밤에는 달이 있어 비추는 것이 가없으며

**2 한자풀이** 晝(낮 주) 有(있을 유) 日(날 일) 光(빛 광) 滿(찰 만) 天(하늘 천) 夜(밤 야) 有(있을 유) 月(달 월) 照(비출 조) 無(없을 무) 邊(가 변)

**日月外에 有衆星하니 皆帝造라 德難名이로다**
일월외 유중성 개제조 덕난명

**1 해 석** 해와 달 외에 뭇 별이 있으니, 다 하나님께서 지은 것이라. 그 덕을 이름하기 어렵도다.

**2 한자풀이** 日(날 일) 月(달 월) 外(밖 외) 有(있을 유) 衆(무리 중) 星(별 성) 皆(다 개) 帝(임금 제) 造(지을 조) 德(덕 덕) 難(어려울 난) 名(이름 명)

**陸地上에 有五穀과 同花草와 同樹木이요**
육지상 유오곡 동화초 동수목

**1 해 석** 육지에 오곡이며 꽃과 풀이며 나무가 있고

**2 한자풀이** 陸(뭍 륙) 地(땅 지) 上(위 상) 有(있을 유) 五(다섯 오) 穀(곡식 곡) 同(한가지 동) 花(꽃 화) 草(풀 초) 樹(나무 수) 木(나무 목)

**海中有, 諸水族이 皆上帝의 造之物이요**
해중유 제수족 개상제 조지물

**1 해 석** 바다에 있는 모든 물고기가 다 하나님께서 만드신 물건이요

**2 한자풀이** 海(바다 해) 中(가운데 중) 有(있을 유) 諸(모든 제) 水(물 수) 族(겨레 족) 皆(다 개) 上(위 상) 帝(임금 제) 造(지을 조) 之(갈 지) 物(만물 물)

**林間鳥, 無數隻을 帝賜彼하사 常有吃하시고**
임간조 무수척 제사피 상유흘

**1 해 석** 수풀에 있는 무수한 새에게 하나님께서 저희에게 내려주시기를 항상 먹을 것이 있게 하시고

**2 한자풀이** 林(수풀 림) 間(사이 간) 鳥(새 조) 無(없을 무) 數(셀 수) 隻(새한마리 척) 帝(임금 제) 賜(줄 사) 彼(저 피) 常(항상 상) 有(있을 유) 吃(먹을 흘)

**3 주 석** '帝賜彼'가 원본에는 '帝給他'로 되어 있다.

**有走獸며 有昆蟲을 天父養하시니 惠無窮이로다**
유주수 유곤충 천부양 혜무궁

**1 해 석** 달리는 짐승이며 벌레를 하늘 아버지께서 기르시니 은혜가 무궁하도다.

**2 한자풀이** 有(있을 유) 走(달릴 주) 獸(짐승 수) 昆(형 곤) 蟲(벌레 충) 天(하늘 천) 父(아비 부) 養(기를 양) 惠(은혜 혜) 無(없을 무) 窮(다할 궁)

**人之靈은 稟於帝하니 應萬事하고 具衆理라**
인지령 품어제 응만사 구중리

**1 해 석** 사람의 영혼은 하나님께 받은 것이니, 일만 일에 응하여 뭇 이치가 갖추어진지라.

**2 한자풀이** 人(사람 인) 之(갈 지) 靈(신령 령) 稟(줄 품) 於(어조사 어) 帝(임금 제) 應(응할 응) 萬(일만 만) 事(일 사) 具(갖출 구) 衆(무리 중) 理(다스릴 리)

**上帝佑(상제우), 世間人(세간인)하사 貴與賤(귀여천)을 總不論(총불론)하시고**

**1 해 석** 하나님께서 세상 사람을 도우사 귀하고 천한 것을 논하지 아니하시고

**2 한자풀이** 上(위 상) 帝(임금 제) 佑(도울 우) 世(대 세) 間(사이 간) 人(사람 인) 貴(귀할 귀) 與(어조사 여) 賤(천할 천) 總(거느릴 총) 不(아닐 불) 論(논할 론)

**每日裏(매일리)에 有口糧(유구량)하며 有房屋(유방옥)과 同衣裳(동의상)하시며**

**1 해 석** 날마다 먹을 양식이 있게 하시며 집과 옷이 있게 하시며

**2 한자풀이** 每(매양 매) 日(날 일) 裏(속 리) 有(있을 유) 口(입 구) 糧

(양식 량) 房(방 방) 屋(집 옥) 同(한가지 동) 衣(옷 의) 裳(치마 상)

**格外顯, 慈愛心하사 遣耶蘇, 救萬民하시니**
격외현 자애심 견야소 구만민

**1 해 석** 법 외에 자애하신 마음을 나타내사 예수를 보내시어 만민을 구하시니

**2 한자풀이** 格(법 격) 外(밖 외) 顯(나타날 현) 慈(사랑할 자) 愛(사랑 애) 心(마음 심) 遣(보낼 견) 耶(어조사 야) 穌(살아날 소) 救(건질 구) 萬(일만 만) 民(백성 민)

**故我等이 該同聲하여 讚其名하고 感宏恩이로다**
고아등 해동성 찬기명 감굉은

**1 해 석** 그러므로 우리들이 마땅히 소리를 같이하여 그 이름을 찬미하고 넓은 은혜를 감사할지니라.

**2 한자풀이** 故(옛 고) 我(나 아) 等(가지런할 등) 該(그 해) 同(한가지 동) 聲(소리 성) 讚(기릴 찬) 其(그 기) 名(이름 명) 感(느낄 감) 宏(클 굉) 恩(은혜 은)

# 8.

## 救世眞主 [세상을 구원하는 참 임금]
구세진주

主耶穌는 上帝子시니 從天降하사 來救世하시니
주야소 상제자 종천강 내구세

**1 해 석** 주 예수는 하나님의 아들이니 하늘로부터 내려오사 세상을 구원하셨으니

**2 한자풀이** 救(구할 구) 世(세상 세) 眞(참 진) 主(주인 주) 耶(어조사 야) 穌(살아날 소) 上(위 상) 帝(임금 제) 子(아들 자) 從(좇을 종) 天(하늘 천) 降(내릴 강) 來(올 래) 救(건질 구) 世(대 세)

非西方, 聖與賢이요 同帝父로 竝榮權이시니라
비서방 성여현 동제부 병영권

**1 해 석** 서방 성현이 아니요 하늘 아버지와 동일한 영광과 권세를 아우르시니라.

**2 한자풀이** 非(아닐 비) 西(서녘 서) 方(모 방) 聖(성스러울 성) 與(더불 여) 賢(어질 현) 同(한가지 동) 帝(임금 제) 父(아비 부) 竝(아우를 병) 榮(꽃 영) 權(권세 권)

**3 주 석** 후반부가 원본에서는 '共帝父 竝榮權'으로 되어 있다.

**4 해 설** 흔히 기독교를 반대하는 이들이 기독교는 서양 종교인데 왜 동양 사람인 우리가 믿느냐고 한다. 이런 주장에 대해 정면으로 응전하는 논리를 여기에서 펴고 있다. 예수는 하늘에서 내려온 존재이므로 특정 지역의 인물이 아니라는 것이다. 3차원의 존재를 2차원에 사는 사람들의 기준으로 왈가왈부해서는 안 된다는 논리다.

## 帝一體에 分三位하니 主耶穌가 位第二니라
제일체 분삼위 주야소 위제이

**1 해 석** 하나님의 한 몸에 세 위(位)가 나뉘어 있으니 주 예수가 둘째 위이시니라.

**2 한자풀이** 帝(임금 제) 一(한 일) 體(몸 체) 分(나눌 분) 三(석 삼) 位(자리 위) 主(주인 주) 耶(어조사 야) 穌(살아날 소) 位(자리 위) 第(차례 제) 二(두 이)

**此三位는 是何稱고 曰父子와 曰聖神이니라**
차삼위 시하칭 왈부자 왈성신

**1 해 석** 이 세 위는 무엇이라 일컫는고? 성부와 성자와 성신이라 하느니라.

**2 한자풀이** 此(이 차) 三(석 삼) 位(자리 위) 是(이 시) 何(어찌 하) 稱(일컬을 칭) 曰(가로되 왈) 父(아비 부) 子(아들 자) 聖(성스러울 성) 神(귀신 신)

**子爲誰오 卽耶穌시니 有稱道하고 稱基督이라**
자위수 즉야소 유칭도 칭기독

**1 해 석** 성자는 누구시뇨? 곧 예수시니, 도(道)라고도 일컫고 그리스도라 일컫기도 하느니라.

**2 한자풀이** 子(아들 자) 爲(할 위) 誰(누구 수) 卽(곧 즉) 耶(어조사 야) 穌(살아날 소) 有(있을 유) 稱(일컬을 칭) 道(길 도) 基(터 기) 督(살펴볼 독)

**3 주 석** 예수를 '耶穌'로, 그리스도를 '基督'으로 적고 있다.

**降生後에 成爲人하시니 有肉身이요 有靈魂이며**
강생후 성위인 유육신 유영혼

**1 해 석** 강생하신 후에 사람이 되셨으니 육신도 있고 영혼도 있으며

**2 한자풀이** 降(내릴 강) 生(날 생) 後(뒤 후) 成(이룰 성) 爲(할 위) 人(사람 인) 有(있을 유) 肉(고기 육) 身(몸 신) 有(있을 유) 靈(신령 령) 魂(넋 혼)

**帝性有하고 人性具하니 合二性하여 成救主니라**
제성유 인성구 합이성 성구주

**1 해 석** 하나님의 성품도 있고 사람의 성품도 갖추었으니, 두 성품이 합하여 구주(救主)가 되시니라.

**2 한자풀이** 帝(임금 제) 性(성품 성) 有(있을 유) 人(사람 인) 性(성품 성) 具(갖출 구) 足(발 족) 合(합할 합) 二(두 이) 性(성품 성) 成(이룰 성) 救(건질 구) 主(주인 주)

**我救主는 無罪愆이요 意言行에 善俱全하시니**
아구주 무죄건 의언행 선구전

**1 해 석** 우리 구주는 죄와 허물이 없으시고 뜻과 말씀과 행실에 착한 것이 다 온전하시니

**2 한자풀이** 我(나 아) 救(건질 구) 主(주인 주) 無(없을 무) 罪(허물 죄) 愆(허물 건) 意(뜻 의) 言(말씀 언) 行(갈 행) 善(착할 선) 俱(함께 구) 全(온전할 전)

**耶穌來**하사 **救法成**이라 **生猶太**, **伯利恒**하시니
야소래 구법성 생유태 백리항

**1 해 석** 예수께서 오사 구원하시는 법이 이루어진지라. 유태[유대] 백리항[베들레헴]에 나시니

**2 한자풀이** 耶(어조사 야) 穌(살아날 소) 來(올 래) 救(건질 구) 法(법 법) 成(이룰 성) 生(날 생) 猶(오히려 유) 太(클 태) 伯(맏 백) 利(날카로울 리) 恒(항상 항)

**3 주 석** 베들레헴을 한자로 '伯利恒(백리항)'으로 적고 있다.

**母爲誰**오 **馬利亞**니 **乃童女**로 **初未嫁**에
모위수 마리아 내동녀 초미가

**1 해 석** 어머니는 뉘시뇨? 마리아이니, 곧 처녀로 시집가기 전에

**2 한자풀이** 母(어미 모) 爲(할 위) 誰(누구 수) 馬(말 마) 利(날카로울 리) 亞(버금 아) 乃(이에 내) 童(아이 동) 女(여자 녀) 初(처음 초) 未(아닐 미) 嫁(시집갈 가)

**馬利亞가 感於神하여 生耶穌하니 事果眞이로다**
마리아 감어신 생야소 사과진

**1 해 석** 마리아가 성신에 감동되어 예수를 낳으니 그 일이 과연 진실이도다.

**2 한자풀이** 馬(말 마) 利(날카로울 리) 亞(버금 아) 感(느낄 감) 於(어조사 어) 神(귀신 신) 生(날 생) 耶(어조사 야) 穌(살아날 소) 事(일 사) 果(실과 과) 眞(참 진)

**主死處는 是何地오 小山名이 各各他라**
주사처 시하지 소산명 각각타

**1 해 석** 주께서 죽으신 곳이 어느 땅인고? 그 산의 이름이 각각타(골고다)라.

**2 한자풀이** 主(주인 주) 死(죽을 사) 處(살 처) 是(이 시) 何(어찌 하) 地(땅 지) 小(작을 소) 山(뫼 산) 名(이름 명) 各(이름 명) 各(이름 명)

他(다를 타)

**3 주 석** 골고다를 '各各他(각각타)'로 적고 있다. 한편 원본에서는 '各各他'를 '格挖利(격알리)'로 적고 있다.

**釘十架하여 苦難當하시니 恩至大를 永不忘이니라**
정십가 고난당 은지대 영불망

**1 해 석** 십자가 형틀에 못 박혀 고난을 당하시니 은혜가 지극히 큼을 영원토록 잊지 아니할지니라.

**2 한자풀이** 釘(못 정) 十(열 십) 架(시렁 가) 苦(쓸 고) 難(어려울 난) 當(당할 당) 恩(은혜 은) 至(이를 지) 大(큰 대) 永(길 영) 不(아닐 불) 忘(잊을 망)

**葬墳內, 止三日에 便復生하사 勝死勢하시니**
장분내 지삼일 변부생 승사세

**1 해 석** 무덤 안에 장사한 지 사흘 만에 문득 다시 살아나사 죽음 권세를 이기시니

**2 한자풀이** 葬(장사지낼 장) 墳(무덤 분) 內(안 내) 止(그칠 지) 三(석 삼) 日(날 일) 便(문득 변) 復(다시 부) 生(날 생) 勝(이길 승) 死(죽을 사) 勢(기세 세)

復生後에 往何方고 四十日에 升天堂하시니라
부생후 왕하방 사십일 승천당

1해 석 다시 사신 후에 어디로 가셨는고? 40일 후에 천당에 오르시니라.

2한자풀이 復(다시 부) 生(날 생) 後(뒤 후) 往(갈 왕) 何(어찌 하) 方(모방) 四(넉 사) 十(열 십) 日(날 일) 升(오를 승) 天(하늘 천) 堂(집 당)

主耶穌가 來救世하실새 用何法하여 成此事오
주야소 내구세 용하법 성차사

1해 석 주 예수께서 오사 세상을 구원하실새 무슨 법을 써서 이 일을 이루셨는고?

2한자풀이 主(주인 주) 耶(어조사 야) 穌(살아날 소) 來(올 래) 救(건질 구) 世(대 세) 用(쓸 용) 何(어찌 하) 法(법 법) 成(이룰 성) 此(이 차) 事(일 사)

一傳道요 一立表요 一代贖이니 爲至要라
일전도 일입표 일대속 위지요

1해 석 하나는 도를 전함이고 하나는 표적을 세움이고 하나는 대신 속죄하심이니, 이 세 가지가 지극히 요긴함이 되는지라.

**2 한자풀이** 一(한 일) 傳(전할 전) 道(길 도) 立(설 립) 表(겉 표) 代(대신할 대) 贖(속바칠 속) 爲(할 위) 至(지극할 지) 要(구할 요)

**用眞道**하여 **化人心**하시니 **遵敎者**는 **百福臨**하리라
용진도 화인심 준교자 백복림

**1 해 석** 참다운 도로 인심을 교화하시니 이 가르침을 좇는 자에게는 백복이 임하리라.

**2 한자풀이** 用(쓸 용) 眞(참 진) 道(길 도) 化(될 화) 人(사람 인) 心(마음 심) 遵(좇을 준) 敎(가르칠 교) 者(놈 자) 百(일백 백) 福(복 복) 臨(임할 림)

**凡言行**에 **做榜樣**하여 **使人心**으로 **有定向**하시고
범언행 주방양 사인심 유정향

**1 해 석** 무릇 말씀과 행실에 법을 만들어 사람의 마음으로 하여금 일정하게 향함이 있게 하시고

**2 한자풀이** 凡(무릇 범) 言(말씀 언) 行(갈 행) 做(지을 주) 榜(패 방) 樣(모양 양) 使(하여금 사) 人(사람 인) 心(마음 심) 有(있을 유) 定(정할 정) 向(향할 향)

**3 주 석** '榜樣'은 사전에서는 검색되지 않으나, 모두가 볼 수 있게 만든 방문(榜文)처럼, 예수의 언행은 모두가 따를 만한 법이요 모델이었다는 것을 나타낸 구절로 여겨진다.

**歷諸艱하시며 死十架하사 贖衆罪하시니 功至大로다**
역제간 사십가 속중죄 공지대

**1 해 석** 모든 어려움을 겪으시며 십자가에 죽으사 뭇 사람의 죄를 속하시니 그 공이 지극히 크도다.

**2 한자풀이** 歷(지낼 력) 諸(모든 제) 艱(어려울 간) 死(죽을 사) 十(열 십) 架(시렁 가) 贖(속바칠 속) 衆(무리 중) 罪(허물 죄) 功(공 공) 至(지극할 지) 大(큰 대)

**欲赦罪면 必先贖이니 贖人罪는 乃耶穌라**
욕사죄 필선속 속인죄 내야소

**1 해 석** 죄를 사하고자 하면 반드시 먼저 속해야 할지니, 사람의 죄를 대속한 이는 곧 예수시라.

**2 한자풀이** 欲(하고자할 욕) 赦(용서할 사) 罪(허물 죄) 必(반드시 필) 先(먼저 선) 贖(속바칠 속) 人(사람 인) 罪(허물 죄) 乃(이에 내) 耶

(어조사 야) 穌(살아날 소)

**3 주 석** '欲赦罪'가 원문에는 '若赦罪'로 되어 있다.

**爾衆人의 貧與富가 必悔改하고 信救主하라**
이중인 빈여부 필회개 신구주

**1 해 석** 뭇 사람 중 가난한 이와 부자가 반드시 뉘우쳐 고치고 구주를 믿으라.

**2 한자풀이** 爾(너 이) 衆(무리 중) 人(사람 인) 貧(가난할 빈) 與(어조사 여) 富(부자 부) 必(반드시 필) 悔(뉘우칠 회) 改(고칠 개) 信(믿을 신) 救(건질 구) 主(주인 주)

**3 해 설** 悔改를 '뉘우치고 고침'으로 직역하고 있는데 아주 인상적이다. 마음으로 뉘우치고 나서는 반드시 행함으로 고쳐야 한다는 점을 잘 드러내는 번역이기 때문이다. 헬라어 원어인 '메타노에오'도 '방향을 전환한다'는 의미이고 보면 매우 적확한 번역이라 하겠다. 후회와 회개는 엄연히 다르다.

**信救主면 意當曉니 乃認之 爲師表와**
신구주 의당효 내인지 위사표

1해 석 구주를 믿으면 뜻을 마땅히 깨칠 것이니 곧 그분이 스승이 되고

2한자풀이 信(믿을 신) 救(건질 구) 主(주인 주) 意(뜻 의) 當(당할 당) 曉(깨달을 효) 乃(이에 내) 認(알 인) 之(갈 지) 爲(할 위) 師(스승 사) 表(겉 표)

爲主宰와 爲救主하고 愛其教하여 爲其徒하면
위주재 위구주 애기교 위기도

1해 석 주재가 되고 구주가 됨을 알아, 그 가르침을 사랑하여 그 제자가 되면

2한자풀이 爲(할 위) 主(주인 주) 宰(재상 재) 救(건질 구) 主(주인 주) 愛(사랑 애) 其(그 기) 教(가르칠 교) 徒(무리 도)

至悔改니 知己惡이요 憂己罪요 改己過니라
지회개 지기악 우기죄 개기과

1해 석 뉘우쳐 고치는 데 이르나니, 자기의 악함을 알고 자기의 죄를 근심하며, 자기의 허물을 고치느니라.

2한자풀이 至(이를 지) 悔(뉘우칠 회) 改(고칠 개) 知(알 지) 己(자기

기) 惡(악할 악) 憂(근심할 우) 罪(허물 죄) 過(허물 과)

**望救者의 必知道는 信與悔, 爲最要니**
망구자 필지도 신여회 위최요

**1 해 석** 구원 얻기를 바라는 자가 반드시 알 것은, 믿고 뉘우치는 것이 가장 요긴하니

**2 한자풀이** 望(바랄 망) 救(건질 구) 者(놈 자) 必(반드시 필) 知(알 지) 道(길 도) 信(믿을 신) 與(어조사 여) 悔(뉘우칠 회) 爲(할 위) 最(가장 최) 要(구할 요)

**信主者는 必得救하여 天堂福을 享永久하리라**
신주자 필득구 천당복 향영구

**1 해 석** 주를 믿는 자는 반드시 구원을 얻어 천당복을 영영히 오래 누리리라.

**2 한자풀이** 信(믿을 신) 主(주인 주) 者(놈 자) 必(반드시 필) 得(얻을 득) 救(구할 구) 天(하늘 천) 堂(집 당) 福(복 복) 享(누릴 향) 永(길 영) 久(오랠 구)

# 9.

## 聖神感化 [성령의 감화하심]
성신감화

人心邪를 何能正고 無別法이요 靠聖神이니라
인심사 하능정 무별법 고성신

**1 해 석** 사람의 마음이 간사한 것을 어떻게 능히 바르게 할꼬? 다른 법은 없고 성신을 의지해야 하느니라.

**2 한자풀이** 聖(거룩할 성) 神(귀신 신) 感(느낄 감) 化(될 화) 人(사람 인) 心(마음 심) 邪(간사할 사) 何(어찌 하) 能(능할 능) 正(바를 정) 無(없을 무) 别(나눌 별) 法(법 법) 靠(기댈 고) 聖(성스러울 성) 神(귀신 신)

**在上帝, 一體內에 聖神是, 第三位니**
재상제 일체내 성신시 제삼위

1해 석 하나님 일체 안에 계신 성신이 셋째 위니

2한자풀이 在(있을 재) 上(위 상) 帝(임금 제) 一(한 일) 體(몸 체) 內(안 내) 聖(성스러울 성) 神(귀신 신) 是(이 시) 第(차례 제) 三(석 삼) 位(자리 위)

**其功用은 化人善하며 並安慰하고 並照亮하며**
기공용 화인선 병안위 병조량

1해 석 그 공효는 사람을 변화시켜 착하게 하며 평안케 위로하고 비추어 밝게 하며

2한자풀이 其(그 기) 功(공 공) 用(쓸 용) 化(될 화) 人(사람 인) 善(착할 선) 並(아우를 병) 安(편안할 안) 慰(위로할 위) 並(아우를 병) 照(비출 조) 亮(밝을 량)

**使人知, 己有罪하고 助人能, 痛改悔니라**
사인지 기유죄 조인능 통개회

1해 석 사람으로 하여금 자기가 죄 있음을 알게 하고 사람을 도와 능히 뉘우쳐 고치게 하느니라.

2한자풀이 使(하여금 사) 人(사람 인) 知(알 지) 己(자기 기) 有(있을 유) 罪(허물 죄) 助(도울 조) 能(능할 능) 痛(아플 통) 改(고칠 개) 悔(뉘우칠 회)

耶穌云하사 不重生이면 必不進, 天國門이라하시니
야소운 부중생 필부진 천국문

1해 석 예수 말씀하시기를 "거듭나지 아니하면 반드시 천국에 나아가지 못한다." 하셨으니

2한자풀이 耶(어조사 야) 穌(살아날 소) 云(이를 운) 不(아닐 불) 重(거듭 중) 生(날 생) 必(반드시 필) 進(나아갈 진) 天(하늘 천) 國(나라 국) 門(문 문)

此重生은 如何講고 復人善이요 活天良이니
차중생 여하강 복인선 활천량

1해 석 이 거듭난다 함을 어떻게 강론할꼬? 사람의 착한 마음을 회복하고 천성의 어진 마음을 살리는 것이니

**2 한자풀이** 此(이 차) 重(거듭 중) 生(날 생) 如(같을 여) 何(어찌 하) 講(익힐 강) 復(다시 부) 人(사람 인) 善(착할 선) 活(살 활) 天(하늘 천) 良(좋을 량)

去舊染하고 爲新人은 聖神力이요 人不能이니라
거구염 위신인 성신력 인불능

**1 해 석** 옛 물든 것을 버리고 새 사람이 됨은 성신의 힘이요 사람은 능히 못하느니라.

**2 한자풀이** 去(갈 거) 舊(예 구) 染(물들일 염) 爲(할 위) 新(새 신) 人(사람 인) 聖(성스러울 성) 神(귀신 신) 力(힘 력) 不(아닐 불) 能(능할 능)

有聖神이 滿於心이면 則德慧, 日加增하리라
유성신 만어심 즉덕혜 일가증

**1 해 석** 성신이 있어 마음에 가득하면 덕과 지혜가 날로 더하리라.

**2 한자풀이** 有(있을 유) 聖(성스러울 성) 神(귀신 신) 滿(찰 만) 於(어조사 어) 心(마음 심) 則(곧 즉) 德(덕 덕) 慧(슬기로울 혜) 日(날 일) 加(더할 가) 增(불을 증)

**3주 석** '則德慧'가 원문에는 '其德慧'로 되어 있다.

**信德堅이면 迷惑滅하여 忠事主하고 成聖潔하리니**
신덕견 미혹멸 충사주 성성결

**1해 석** 믿는 덕이 굳으면 미혹함이 없어져 충성으로 주를 섬기고 거룩히 정결함을 이루리니

**2한자풀이** 信(믿을 신) 德(덕 덕) 堅(굳을 견) 迷(미혹할 미) 惑(미혹할 혹) 滅(멸망할 멸) 忠(충성 충) 事(섬길 사) 主(주인 주) 成(이룰 성) 聖(성스러울 성) 潔(깨끗할 결)

**靠主名하여 求天父라야 方能得 聖神助하리라**
고주명 구천부 방능득 성신조

**1해 석** 주의 이름을 의지하여 하늘 아버지께 구하여야 바야흐로 능히 성신의 도우심을 얻으리라.

**2한자풀이** 靠(기댈 고) 主(주인 주) 名(이름 명) 求(구할 구) 天(하늘 천) 父(아비 부) 方(모 방) 能(능할 능) 得(얻을 득) 聖(성스러울 성) 神(귀신 신) 助(도울 조)

# 10.

## 福音聖敎 [복음으로서의 기독교]
복음성교

**上帝道를 稱何名고 垂永久, 號福音이니라**
상제도 칭하명 수영구 호복음

**1 해 석** 하나님의 도를 무슨 이름으로 일컫는고? 영원히 오래도록 그 이름을 복음이라 하느니라.

**2 한자풀이** 福(복 복) 音(소리 음) 聖(거룩할 성) 敎(가르칠 교) 上(위 상) 帝(임금 제) 道(길 도) 稱(일컬을 칭) 何(어찌 하) 名(이름 명) 垂(드리울 수) 永(길 영) 久(오랠 구) 號(부를 호)

**3 해 설** 흔히 기독교를 종교의 하나로 분류하는데, 여기에서는 '복음'임을 강조함으로써 다른 종교와의 차별성을 드러내고 있다. 복음은 '복스러운 소식(Good News)'이다. 즉 원죄로 말미암아 죽을 수밖에 없는 인간이, 예수 그리스도의 속죄로 죄사함을 받아 천국에서 영생하게 되었다는 게 기독교 가르침의 핵심임을 보여주는 표현이다.

上帝道를 要人知니 莫大恩은 主降世로다
상제도 요인지 막대은 주강세

1 해 석 하나님의 도를 모름지기 사람이 알아야 할 것이니, 더 클 수 없는 은혜는 주께서 세상에 강생하심이로다.

2 한자풀이 上(위 상) 帝(임금 제) 道(길 도) 要(구할 요) 人(사람 인) 知(알 지) 莫(없을 막) 大(큰 대) 恩(은혜 은) 主(주인 주) 降(내릴 강) 世(대 세)

信主道면 萬福臨이니 因此故로 稱福音이요
신주도 만복림 인차고 칭복음

1 해 석 주의 도를 믿으면 일만 복이 오리니, 이러므로 복음이라 일컫고

2 한자풀이 信(믿을 신) 主(주인 주) 道(길 도) 萬(일만 만) 福(복 복) 臨(임할 림) 因(인할 인) 此(이 차) 故(옛 고) 稱(일컬을 칭) 福(복 복) 音(소리 음)

聖教會는 主所立이니 保天道하여 傳地極이요
성교회 주소립 보천도 전지극

**1해 석** 거룩한 교회는 주께서 세우신 바이니, 하늘 도를 보전하여 땅끝까지 전하고

**2한자풀이** 聖(성스러울 성) 教(가르칠 교) 會(모일 회) 主(주인 주) 所(바 소) 立(설 립) 保(지킬 보) 天(하늘 천) 道(길 도) 傳(전할 전) 地(땅 지) 極(다할 극)

**教中禮는 有二端하니 一領洗요 一聖餐이라**
교중례 유이단 일영세 일성찬

**1해 석** 교중의 성례[거룩한 의식]에는 두 가지가 있으니 하나는 영세[세례]하는 것이고 하나는 성찬 먹는 것이라

**2한자풀이** 教(가르칠 교) 中(가운데 중) 禮(예도 례) 有(있을 유) 二(두 이) 端(바를 단) 一(한 일) 領(거느릴 령) 洗(씻을 세) 聖(성스러울 성) 餐(먹을 찬)

**3주 석** 원본에서는 이 부분이 "此聖會 助信徒 共爲善 離邪俗 教中禮 有二端 一領洗 一聖餐"으로 되어 있다.

**4해 설** 기독교의 두 가지 성례 즉 세례식과 성찬식을 소개한 대목이다.

**領洗意**는 **指人罪**니 **靠聖神**하여 **除汚穢**요
영세의 지인죄 고성신 제오예

1 해 석 영세하는 의미는, 사람의 죄를 가리켜 주는 것이니, 성신을 의지하여 더러운 것을 없게 하는 것이요

2 한자풀이 領(거느릴 령) 洗(씻을 세) 意(뜻 의) 指(가리킬 지) 人(사람 인) 罪(허물 죄) 靠(기댈 고) 聖(성스러울 성) 神(귀신 신) 除(덜 제) 汚(더러울 오) 穢(더러울 예)

3 주 석 '指人罪'가 원본에는 '知有罪'로 되어 있다.

4 해 설 몸이 더러운 사람에게 목욕이 필요하듯, 세례를 받음으로써 우리가 죄 씻음을 받아야 할 죄인임을 일깨워 준다는 설명을 하고 있다.

**且領洗**는 **亦表明**, **與耶穌**의 **做門人**이요
차영세 역표명 여야소 주문인

1 해 석 영세하는 또 다른 뜻은, 예수의 제자가 된 것을 나타내 밝히는 것이요

2 한자풀이 且(또 차) 領(거느릴 령) 洗(씻을 세) 亦(또 역) 表(겉 표) 明(밝을 명) 與(더불 여) 耶(어조사 야) 穌(살아날 소) 做(지을 주) 門(문 문) 人(사람 인)

**3 해 설** 세례의 두 번째 의미는, 신앙을 공개적으로 드러내는 의식임을 설명하고 있다. 마치 혼인식이 모든 사람 앞에서 둘의 사랑을 공개적으로 표명하는 것처럼.

**聖餐禮는 主設定이시니 乃表明, 代捐命이라**
성찬례 주설정 내표명 대연명

**1 해 석** 성찬 먹는 의례는 주께서 베풀어 정한 것이니, 이에 대신 목숨 버리신 것을 나타내 밝힘이라.

**2 한자풀이** 聖(성스러울 성) 餐(먹을 찬) 禮(예도 례) 主(주인 주) 設(베풀 설) 定(정할 정) 乃(이에 내) 表(겉 표) 明(밝을 명) 代(대신할 대) 捐(버릴 연) 命(목숨 명)

**3 주 석** '乃表明'이 원전에는 '表明他'로 되어 있다.

**先食餠하고 後飮汁은 記主血이 爲我流니**
선식병 후음즙 기주혈 위아류

**1 해 석** 먼저 떡을 먹고 후에 포도즙을 마시는 것은, 주의 피가 우리를 위하여 흘려진 것을 기억하게 하심이니

**2 한자풀이** 先(먼저 선) 食(밥 식) 餠(떡 병) 後(뒤 후) 飮(마실 음) 汁

(즙 즙) 記(기록할 기) 主(주인 주) 血(피 혈) 爲(할 위) 我(나 아) 流(흐를 류)

**3주 석** 원본에는 '食餠子 還飮酒 記主血 爲我流'로 되어 있다.

**入教者가 要守分이니라 新舊約을 勤講論하고**
입교자 신구약 신구약 근강론

**1해 석** 우리 기독교에 들어오는 자가 모름지기 직분으로 지킬 것이니라. 신약과 구약을 부지런히 강론하고

**2한자풀이** 入(들 입) 教(가르칠 교) 者(놈 자) 要(구할 요) 守(지킬 수) 分(나눌 분) 新(새 신) 舊(예 구) 約(맺을 약) 勤(부지런할 근) 講(익힐 강) 論(논할 론)

**常禱告하고 守禮拜니 此三條를 守勿懈하라**
상도고 수예배 차삼조 수물해

**1해 석** 항상 도고하고 예배날을 지킬지니, 이 세 가지를 지키되 게으르지 말라.

**2한자풀이** 常(항상 상) 禱(빌 도) 告(알릴 고) 守(지킬 수) 禮(예도 례) 拜(절 배) 此(이 차) 三(석 삼) 條(가지 조) 守(지킬 수) 勿(말 물) 懈

(게으를 해)

**耶穌徒(야소교)는 何如人(하여인)고 乃日日(내일일)에 守五倫(수오륜)이요**

**1 해 석** 예수의 무리는 어떠한 사람인고? 날마다 오륜을 지키고

**2 한자풀이** 耶(어조사 야) 穌(살아날 소) 徒(무리 도) 何(어찌 하) 如(같을 여) 人(사람 인) 乃(이에 내) 日(날 일) 守(지킬 수) 五(다섯 오) 倫(인륜 륜)

**3 주 석** 원본에는 "耶穌徒 怎樣人 每日裏 守五倫"으로 되어 있다. '怎'은 '어찌 즘'이다.

**4 해 설** 기독교 교리나 성경에 '오륜'이란 개념이나 용어는 없다. 하지만 부모 공경을 비롯하여 인륜을 강조하고 있는바, 동양 사람들에게 다가가기 위해 '오륜'이란 개념을 드러내어 사용하고 있는 점이 인상적이다.

**五倫外(오륜외)에 敬天父(경천부)하며 悔己罪(회기죄)하고 信耶穌(신야소)하사**

**1 해 석** 오륜 외에 하늘 아바지를 공경하며 제 죄를 뉘우치고 예수를 믿어

**2 한자풀이** 五(다섯 오) 倫(인륜 륜) 外(밖 외) 敬(공경할 경) 天(하늘 천) 父(아비 부) 悔(뉘우칠 회) 己(자기 기) 罪(허물 죄) 信(믿을 신) 耶(어조사 야) 穌(살아날 소)

衆善德을 守勿移하고 諸邪惡을 要脫離하며
중선덕 수물이 제사악 요탈리

**1 해 석** 모든 착한 덕을 지켜 옮기지 말고, 모든 간사하고 악한 것 벗어 버리기를 구하며

**2 한자풀이** 衆(무리 중) 善(착할 선) 德(덕 덕) 守(지킬 수) 勿(말 물) 移(옮길 이) 諸(모든 제) 邪(간사할 사) 惡(악할 악) 要(구할 요) 脫(벗을 탈) 離(떼놓을 리)

嫖與賭와 鴉片烟을 必遠開, 各一邊하라
표여도 아편연 필원개 각일변

**1 해 석** 계집 오입과 노름하기와 아편 연기 먹는 것을 반드시 멀리 하여 한쪽에 던져 버리라.

**2 한자풀이** 嫖(날랠 표) 與(어조사 여) 賭(걸 도) 鴉(갈까마귀 아) 片(조각 편) 煙(연기 연) 必(반드시 필) 遠(멀 원) 開(열 개) 各(각각 각) 一(한 일) 邊(가 변)

**3 해 설** 중국에서는 아편이 보편화하여 망국에 이르게 할 정도였으므로, 아편을 금하라고 한 것이다. 조선의 상황에 맞추려면 담배로 바꾸었어야 한다.

**信主者가 有所禁하니 凡虛事를 切莫行하소**
신주자 유소금 범허사 절막행

**1 해 석** 주를 믿는 자가 금할 바가 있으니, 무릇 헛된 일을 일절 행하지 마소.

**2 한자풀이** 信(믿을 신) 主(주인 주) 者(놈 자) 有(있을 유) 所(바 소) 禁(금할 금) 凡(부릇 범) 虛(빌 허) 事(일 사) 切(끊을 절) 莫(없을 막) 行(갈 행)

**祭祖先과 拜死尸와 供靈位와 燒錢紙와**
제조선 배사시 공영위 소전지

**1 해 석** 조상(祖上)에게 제사 지내는 것과 죽은 신체에게 절하는 것과 영위에 공양하는 것과 지전 사르는 것과

**2 한자풀이** 祭(제사 제) 祖(조상 조) 先(먼저 선) 拜(절 배) 死(죽을 사) 屍(주검 시) 供(이바지할 공) 靈(신령 령) 位(자리 위) 燒(사를 소) 錢(돈 전) 紙(종이 지)

**3 주 석** '供靈位'가 원문에는 '拜靈位'로 되어 있다.

**擇吉日과 畫符張과 扶鸞乩와 請陰陽과**
택길일 획부장 부란계 청음양

**1 해 석** 택일하는 것과 부적 그리는 것과 점치는 것과 음양가(陰陽家)를 초청하는 것과

**2 한자풀이** 擇(가릴 택) 吉(길할 길) 日(날 일) 畫(그을 획) 符(부적 부) 張(베풀 장) 扶(도울 부) 鸞(새 난) 乩(점칠 계) 請(청할 청) 陰(응달 음) 陽(볕 양)

**3 주 석** 부란(扶鸞)은 점(占)의 한 종류. ≪육부성어(六部成語)≫ 부란도성(扶鸞禱聖) 주에 "巫者 寫字於沙盤之中 假托神聖下降 曰扶鸞(무당은 모래 쟁반 속에 글자를 써서, 하느님이 하강하신 것으로 가탁하는데, 이것을 일컬어 부란점이라 함)"이라고 하였음. 음양가(陰陽家)는 원래 ≪ 漢書 藝文志 ≫에 " 역상(易象)·일월(日月)·성신(星辰) 에 순응하여 백성에게 시절을 알려" 주는 사람이었는데, 후대에는 택일(擇日)·점성(占星), 풍수지리 따위를 다루는 사람을 말하였다.

**又測字와 並起課와 與相面과 及命學이니**
우측자 병기과 여상면 급명학

**1해 석** 파자점을 비롯하여 점치는 것과 사람의 관상 보기와 사주 보는 것이니

**2한자풀이** 又(또 우) 測(잴 측) 字(글자 자) 並(아우를 병) 起(일어날 기) 課(매길 과) 與(더불 여) 相(서로 상) 面(낯 면) 及(미칠 급) 命(목숨 명) 學(배울 학)

**3주 석** 원본에는 "並測字 並起課 並相面 並命學"으로 되어 있다. 기과(起課)는 중국어로 '점치다'는 뜻. 측자(測字)는 파자(破字)를 말한다. 파자는 한자의 자획을 풀어 나누는 것인데, '李' 자를 분해하여 '木子'라 하는 따위이다. 이 방식으로 점 치는 것을 파자점이라고 한다. 특정한 글자를 선택하게 한 다음, 그 글자를 분해하여 해석한다. 명학(命學)은 명리학(命理學)으로서, 사주(四柱)에 근거하여 사람의 길흉화복(吉凶禍福)을 알아보는 학문이니, 사람이 태어난 연(年)·월(月)·일(日)·시(時)의 네 간지(干支), 곧 사주(四柱)에 근거하여 사람의 길흉화복(吉凶禍福)을 알아보는 학문이다.

**此一類는 盡空虛하니 我聖教에 必嚴拒니라**
차일류 진공허 아성교 필엄거

**1해 석** 이런 부류는 다 헛되니, 우리 거룩한 교에서는 반드시 엄하게 막을 것이니라.

**2한자풀이** 此(이 차) 一(한 일) 類(무리 류) 盡(다할 진) 空(빌 공) 虛(빌 허) 我(나 아) 聖(성스러울 성) 教(가르칠 교) 必(반드시 필) 嚴(엄할 엄) 拒(막을 거)

# 11.

## 去假歸眞 [거짓을 버리고 참으로 돌아오기]

거가귀진

帝造人을 意當知니 要世人이 行實事니라

**1 해 석** 하나님께서 사람 만드신 뜻을 마땅히 알 것이니, 모름지기 세상 사람이 실상의 일만 행할지니라.

**2 한자풀이** 去(갈 거) 假(거짓 가) 歸(돌아갈 귀) 盡(다할 진) 帝(임금 제) 造(지을 조) 人(사람 인) 意(뜻 의) 當(당할 당) 知(알 지) 要(구할 요) 世(대 세) 行(갈 행) 實(열매 실) 事(일 사)

實事何오 敬上帝하며 愛衆人을 如愛己하며
실사하 경상제 애중인 여애기

**1 해 석** 실상의 일이란 무엇인고? 하나님을 공경하며 뭇 사람 사랑하기를 제 몸 사랑하듯 하며

**2 한자풀이** 實(열매 실) 事(일 사) 何(어찌 하) 敬(공경할 경) 上(위 상) 帝(임금 제) 愛(사랑 애) 衆(무리 중) 人(사람 인) 如(같을 여) 愛(사랑 애) 己(자기 기)

守五常하며 盡五倫이니 天下人의 大本分이니라
수오상 진오륜 천하인 대본분

**1 해 석** 오상을 지키고 오륜을 다할지니 천하 사람의 큰 본분이니라.

**2 한자풀이** 守(지킬 수) 五(다섯 오) 常(항상 상) 盡(다할 진) 倫(인륜 륜) 天(하늘 천) 下(아래 하) 人(사람 인) 大(큰 대) 本(밑 본) 分(나눌 분)

供祖先하며 祭墳塚은 是大錯이니 眞無用이요
공조선 제분총 시대착 진무용

**1 해 석** 조상에게 공양하며 무덤에 제사함은 크게 그릇됨이니 참 쓸데없고

**2 한자풀이** 供(이바지할 공) 祖(조상 조) 先(먼저 선) 祭(제사 제) 墳(무덤 분) 塚(무덤 총) 是(이 시) 大(큰 대) 錯(섞일 착) 眞(참 진) 無(없을 무) 用(쓸 용)

**3 주 석** '공(供)'은 공양(供養)이니, 죽은 이의 영혼에게 음식, 꽃 따위를 바치는 일이다.

> **春秋祀**와 **紙錢燒**는 **飛作灰**니 **盡徒勞**니라
> 춘추사 지전소 비작회 진도로

**1 해 석** 춘추로 제사함과 지전을 사르는 것은 재가 되어 날리나니 다 헛수고일 따름이니라

**2 한자풀이** 春(봄 춘) 秋(가을 추) 祀(제사 사) 紙(종이 지) 錢(돈 전) 燒(사를 소) 飛(날 비) 作(지을 작) 灰(재 회) 盡(다할 진) 徒(무리 도) 勞(일할 로)

> **魂若吃**이면 **年一祭**가 **食不足**이니 **必凍飢**요
> 혼약흘 연일제 식부족 필동기

**1 해 석** 영혼이 만일 먹을 터이면, 1년에 한 번 제사는 먹기에 부족할 것이니, 반드시 얼고 주릴 것이요

**2 한자풀이** 魂(넋 혼) 若(같을 약) 吃(먹을 흘) 年(해 년) 一(한 일) 祭(제사 제) 食(밥 식) 不(아닐 부) 足(발 족) 必(반드시 필) 凍(얼 동) 飢(주릴 기)

**3 주 석** 원본에는 "魂若吃　一年內　祭不多　皆凍餒"로 되어 있다.

**若要錢**이면 **紙何用**고 **焚成灰**하니 **近戱弄**이로다
약요전 지하용 분성회 근희롱

**1 해 석** 만일 돈을 요구할 터이면 종이를 무엇에 쓸까? 살라져 재가 되니 희롱에 가깝도다.

**2 한자풀이** 若(같을 약) 要(구할 요) 錢(돈 전) 紙(종이 지) 何(어찌 하) 用(쓸 용) 焚(불사를 분) 成(이룰 성) 灰(재 회) 近(가까울 근) 戱(놀 희) 弄(희롱할 롱)

**人死後**에는 **便歸陰**하여 **無食用**, **等事情**이니
인사후 변귀음 무식용 등사정

**1 해 석** 사람이 죽은 후에는 문득 음부[저승]로 돌아가 먹고 쓰는

등의 사정이 없나니

**2 한자풀이** 人(사람 인) 死(죽을 사) 後(뒤 후) 便(문득 변) 歸(돌아갈 귀) 陰(응달 음) 無(없을 무) 食(밥 식) 用(쓸 용) 等(가지런할 등) 事(일 사) 情(뜻 정)

**到親死**하여 **祭已遲**니라 **盡孝養**은 **在生時**하니
도친사 제이지 진효양 재생시

**1 해 석** 어버이 돌아가시기에 이르러 제사하는 것은 이미 늦느니라. 효도로 공양을 다하는 것은 살아계실 때에 있어야 할지니

**2 한자풀이** 到(이를 도) 親(친할 친) 死(죽을 사) 祭(제사 제) 已(이미 이) 遲(늦을 지) 盡(다할 진) 孝(효도 효) 養(기를 양) 在(있을 재) 生(날 생) 時(때 시)

**親已死**어든 **力要盡**하여 **按本分**하여 **厚葬塋**하고
친이사 역요진 안본분 후장영

**1 해 석** 어버이 이미 돌아가시거든, 모름지기 힘을 다하여 본분을 헤아려 넉넉하게 선영에 장사지내고

**2 한자풀이** 親(친할 친) 已(이미 이) 死(죽을 사) 力(힘 력) 要(구할 요)

盡(다할 진) 按(생각할 안) 本(밑 본) 分(나눌 분) 厚(두터울 후) 葬(장사지낼 장) 塋(무덤 영)

**3 주 석** '親已死'가 원본에는 '親若死'로 되어 있다.

**墳常修(분상수)하며 訓勿違(훈물위)하라 記親恩(기친은)이 聖教規(성교규)니라**

**1 해 석** 분묘를 항상 수리하며 유훈을 어기지 말라. 어버이 은혜를 기억하는 것이 거룩한 교의 규범이니라.

**2 한자풀이** 墳(무덤 분) 常(항상 상) 修(닦을 수) 訓(가르칠 훈) 勿(말 물) 違(어길 위) 記(기록할 기) 親(친할 친) 恩(은혜 은) 聖(성스러울 성) 教(가르칠 교) 規(법 규)

**3 해 설** 제사지내지 말라는 한다고 해서 인륜을 저버리는 것으로 오해해서는 안 된다. 장례를 정성껏 모시고, 그 무덤을 잘 돌보며, 유언을 비롯해 부모님이 남긴 가르침을 위반하지 않고 늘 그 은혜를 잊지 않고 기억하며 사는 것이 기독교의 규범임을 분명히 함으로써, 기독교가 얼마나 실학적인 사고를 하고 있는지 보이고 있다.

# 12.

## 詳論禱告 [기도에 대한 상론]
상론도고

**凡禱告가 有四意하니 首讚美, 父上帝하고**
범도고　유사의　수찬미　부상제

**1 해 석** 무릇 기도에 네 가지 뜻이 있으니, 첫째는 아버지 하나님을 찬미하고

**2 한자풀이** 詳(자세할 상) 論(논할 론) 禱(빌 도) 告(고할 고) 凡(무릇 범) 有(있을 유) 四(넉 사) 意(뜻 의) 首(머리 수) 讚(기릴 찬) 美(아름다울 미) 父(아비 부) 上(위 상) 帝(임금 제)

**3 주 석** 기도를 '도고(禱告)'라고 표현하였다. '빌어서 고한다'는 뜻이겠다.

**次感謝, 帝恩惠하며 第三件은 認己罪요**
차감사 제은혜 제삼건 인기죄

**1해 석** 둘째는 하나님의 은혜를 감사하며 셋째는 자기의 죄를 자복하는 것이요

**2한자풀이** 次(버금 차) 感(느낄 감) 謝(사례할 사) 帝(임금 제) 恩(은혜 은) 惠(은혜 혜) 第(차례 제) 三(석 삼) 件(사건 건) 認(알 인) 己(자기 기) 罪(허물 죄)

**求應許가 乃第四니라 凡禱告를 要誠實이니**
구응허 내제사 범도고 요성실

**1해 석** 응하여 허락하신 것을 구하는 것이 넷째니라. 무릇 기도하기를 모름지기 성실히 할지니

**2한자풀이** 求(구할 구) 應(응할 응) 許(허락할 허) 乃(이에 내) 第(차례 제) 四(넉 사) 凡(무릇 범) 禱(빌 도) 告(알릴 고) 要(구할 요) 誠(정성 성) 實(열매 실)

**3해 설** 기도를 정의하기를 '응하여 허락하신 것을 구하는 것'이라 한 것은 의미심장하다. 흔히 내 욕망을 진술하는 것을 기도라고 생각하는데, 하나님이 허락하신 것, 성경을 통해, 성령을 통해 허락하신 것, 그분이 원하시는 것, 그분의 뜻을 이루기 위한 것, 그의 나라와

의를 위한 것, 그것을 구하는 것이 기도라는 가르침이다. 두고 두고 음미할 만한 대목이라 하겠다.

求何事오 求赦宥하며 求佑護하며 求援救하며
구하사 구사유 구우호 구원구

1해 석 어떤 일을 구하는고? 죄를 사하여 주심을 구하며, 도와주시고 보호하여 주심을 구하며, 구원하여 주심을 구하며

2한자풀이 求(구할 구) 何(어찌 하) 事(일 사) 赦(용서할 사) 宥(용서할 유) 佑(도울 우) 護(보호할 호) 援(당길 원) 救(건질 구)

爲己身하며 爲家內하며 爲本國하며 爲敎會하여
위기신 위가내 위본국 위교회

1해 석 자기를 위하며 집안을 위하며 제 나라를 위하며 교회를 위하여

2한자풀이 爲(할 위) 己(자기 기) 身(몸 신) 家(집 가) 內(안 내) 本(밑 본) 國(나라 국) 敎(가르칠 교) 會(모일 회)

**凡百事를 求皆可니 父上帝가 肯聽我하시느니라.**
범백사 구개가 부상제 긍청아

**1 해 석** 범백사를 구하는 것이 다 가하니, 아버지 하나님께서 즐겨 내가 비는 것을 들으시느니라.

**2 한자풀이** 凡(무릇 범) 百(일백 백) 事(일 사) 求(구할 구) 皆(다 개) 可(옳을 가) 父(아비 부) 上(위 상) 帝(임금 제) 肯(즐기어할 긍) 聽(들을 청) 我(나 아)

**凡禱告가 有四樣하니 禱告者는 請細想하라**
범도고 유사양 도고자 청세상

**1 해 석** 무릇 기도하는 것이 네 가지 모양이 있으니, 기도하는 자는 청컨대 자세히 생각해야 할 것이다.

**2 한자풀이** 凡(무릇 범) 禱(빌 도) 告(알릴 고) 有(있을 유) 四(넉 사) 樣(모양 양) 者(놈 자) 請(청할 청) 細(가늘 세) 想(생각할 상)

**心禱一이요 隱禱次요 私禱三이요 公禱四니라**
심도일 은도차 사도삼 공도사

**1 해 석** 마음으로 기도하는 것이 첫째요, 은밀하게 기도하는 것이 둘째요, 사사로이 기도하는 것이 셋째요, 공적으로 기도하는 것이 넷째니라.

**2 한자풀이** 心(마음 심) 禱(빌 도) 一(한 일) 隱(숨길 은) 次(버금 차) 私(사사 사) 三(석 삼) 公(공변될 공) 四(넉 사)

**再言明하나니 心禱義는 總不拘, 在何地하고**
재언명 심도의 총불구 재하지

**1 해 석** 두 번 말하여 밝히나니, 마음으로 기도하는 뜻은 도무지 어느 지방에 있느냐에 구애받지 않고

**2 한자풀이** 再(두 재) 言(말씀 언) 明(밝을 명) 心(마음 심) 禱(빌 도) 義(옳을 의) 總(모두 총) 不(아닐 불) 拘(잡을 구) 在(있을 재) 何(어찌 하) 地(땅 지)

**偶然間에 有心思어든 不便跪면 難言之니**
우연간 유심사 불변궤 난언지

**1 해 석** 우연히 마음에 생각이 있거든, 문득 무릎꿇지 아니하면 말하기가 어려우니

**2 한자풀이** 偶(마침 우) 然(그러할 연) 間(사이 간) 有(있을 유) 心(마음 심) 思(생각할 사) 不(아닐 불) 便(문득 변) 跪(꿇어앉을 궤) 難(어려울 난) 言(말씀 언) 之(이 지)

**非明說이요 心暗禱하여 心內求가 爲最好요**
비명설 심암도 심내구 위최호

**1 해 석** 드러내어 말씀을 아니하고 마음으로 가만히 빌어 마음 속으로만 구하는 것이 가장 좋은 것이요

**2 한자풀이** 非(아닐 비) 明(밝을 명) 說(말씀 설) 心(마음 심) 暗(어두울 암) 禱(빌 도) 內(안 내) 求(구할 구) 爲(할 위) 最(가장 최) 好(좋을 호)

**隱禱告는 密室裏에 獨自求하되 心靜一이요**
은도고 밀실리 독자구 심정일

**1 해 석** 은밀하게 기도하는 것은, 골방 속에서 홀로 스스로 구하되 마음을 고요히 하나로 하는 것이요

**2 한자풀이** 隱(숨길 은) 禱(빌 도) 告(알릴 고) 密(빽빽할 밀) 室(집 실) 裏(속 리) 獨(홀로 독) 自(스스로 자) 求(구할 구) 心(마음 심) 靜(고

요할 정) 一(한 일)

私禱告는 領家人하되 男與女와 老幼等이
사도고 영가인 남여녀 노유등

1해 석 사사로이 기도하는 것은, 집안 사람을 거느리되, 남녀와 노유 들이

2한자풀이 私(사사 사) 禱(빌 도) 告(알릴 고) 領(거느릴 령) 家(집 가) 人(사람 인) 男(사내 남) 與(어조사 여) 女(여자 녀) 老(늙은이 로) 幼(어릴 유) 等(무리 등)

每早晩에 同禱籲니 是聖徒의 常規矩라
매조만 동도유 시성도 상규구

1해 석 매양 이르나 늦으나 한가지로 빌지니, 이는 거룩한 무리의 일상적인 법이라.

2한자풀이 每(매양 매) 早(새벽 조) 晩(늦을 만) 同(한가지 동) 禱(빌 도) 籲(부르짖을 유) 是(이 시) 聖(성스러울 성) 徒(무리 도) 常(항상 상) 規(법 규) 矩(법 구)

看聖書, 或一章하며 或數節이니 短不妨이니라
간성서 혹일장 혹수절 단불방

**1 해 석** 성경을 읽되 혹 한 장이나 두어 구절을 볼지니, 짧은 것에 구애받지 말 것이니라.

**2 한자풀이** 看(볼 간) 聖(성스러울 성) 書(글 서) 或(혹 혹) 一(한 일) 章(글 장) 或(혹 혹) 數(셀 수) 節(마디 절) 短(짧을 단) 不(아닐 불) 妨(방해할 방)

同讚美하고 同祈求하되 早不行이면 晩必有요
동찬미 동기구 조불행 만필유

**1 해 석** 한가지로 찬미하고 한가지로 빌어 구하되, 일찍 이루어지지 못하면 늦게라도 반드시 이루어짐이 있을 것이요

**2 한자풀이** 同(한가지 동) 讚(기릴 찬) 美(아름다울 미) 祈(빌 기) 求(구할 구) 早(새벽 조) 不(아닐 불) 行(갈 행) 晩(늦을 만) 必(반드시 필) 有(있을 유)

公禱告는 教友集하여 同心志하여 拜上帝니
공도고 교우집 동심지 배상제

**1 해 석** 공적으로 기도하는 것은 교우들이 모여 마음과 뜻을 함께 하여 하나님께 예배하며 하는 것이니

**2 한자풀이** 公(공변될 공) 禱(빌 도) 告(알릴 고) 教(가르칠 교) 友(벗 우) 集(모일 집) 同(한가지 동) 心(마음 심) 志(뜻 지) 拜(절 배) 上(위 상) 帝(임금 제)

**3 주 석** 원본에는 '公禱告 教友們 同心意 拜上神'으로 되어 있다.

禮拜日에 聚會堂이요 倘無有어든 任別方하라
예배일 취회당 당무유 임별방

**1 해 석** 예배일에 회당에 모이고, 만일 회당이 없거든 다른 데서라도 임의로 하라.

**2 한자풀이** 禮(예도 례) 拜(절 배) 日(날 일) 聚(모일 취) 會(모일 회) 堂(집 당) 倘(혹시 당) 無(없을 무) 有(있을 유) 任(맡길 임) 別(나눌 별) 方(모 방)

**3 주 석** 원본에는 '禮拜日 在會堂 或聚禱 在別方'으로 되어 있다.

需用物이 從何至오 皆帝恩으로 所賞賜니
수용물 종하지 개제은 소상사

**1 해 석** 먹고 쓰는 물건이 어디로 좇아 이르렀는고? 다 하나님의 은혜로 내려진 것이니

**2 한자풀이** 需(구할 수) 用(쓸 용) 物(만물 물) 從(좇을 종) 何(어찌 하) 至(이를 지) 皆(다 개) 帝(임금 제) 恩(은혜 은) 所(바 소) 賞(상줄 상) 賜(줄 사)

有用物을 該知恩이니라 常禱告를 要虔誠이니
유용물 해지은 상도고 요건성

**1 해 석** 쓸데 있는 물건을 마땅히 은혜로 알지니라. 항상 기도하기를 모름지기 정성으로 할지니

**2 한자풀이** 有(있을 유) 用(쓸 용) 物(만물 물) 該(그 해) 知(알 지) 恩(은혜 은) 常(항상 상) 禱(빌 도) 告(알릴 고) 要(구할 요) 虔(정성 건) 誠(정성 성)

靠誰名하여 來禱告오 靠耶穌, 大中保하고
고수명 내도고 고야소 대중보

**1 해 석** 누구의 이름을 의지하여 와서 기도하는고? 예수 큰 중보를 의지하고

**2 한자풀이** 靠(기댈 고) 誰(누구 수) 名(이름 명) 來(올 래) 禱(빌 도) 告(알릴 고) 靠(기댈 고) 耶(어조사 야) 穌(살아날 소) 大(큰 대) 中(가운데 중) 保(지킬 보)

**敬上帝**하여 **必禱告**하라 **若不然**이면 **虛進教**니라
경상제 필도고 약불연 허진교

**1 해 석** 하나님을 공경하여 반드시 기도할지니라. 만일 그렇지 아니하면 우리 기독교에 나아온 것이 헛것이니라.

**2 한자풀이** 敬(공경할 경) 上(위 상) 帝(임금 제) 必(반드시 필) 禱(빌 도) 告(알릴 고) 若(같을 약) 不(아닐 불) 然(그러할 연) 虛(빌 허) 進(나아갈 진) 教(가르칠 교)

# 13.

## 審判善惡 [선악의 심판]
심판선악

審判主는 非閻君이라 列十殿이 都虛名이요
심판주 비염군 열십전 도허명

**1 해 석** 심판주는 염라대왕이 아니다. 벌여있다는 시왕전이란 도무지 헛된 이름이요.

**2 한자풀이** 審(살필 심) 判(판가름할 판) 善(착할 선) 惡(악할 악) 主(임금 주) 非(아닐 비) 閻(마을 염) 君(임금 군) 列(벌일 렬) 十(열 십) 殿(큰 집 전) 都(모두 도) 虛(빌 허) 名(이름 명)

**3 주 석** '십전'은 '시왕전(十王殿)'이니, 시왕을 모신 집이다. 시왕이란 저승에서 죽은 사람을 재판하는 열 명의 대왕. 진광대왕, 초강대왕, 송제대왕, 오관대왕, 염라대왕, 변성대왕, 태산대왕, 평등대왕, 도시대왕, 오도전륜대왕이다. 죽은 날부터 49일까지는 7일마다,

그 뒤에는 백일 · 소상(小祥) · 대상(大祥) 때에 차례로 이들에 의하여 심판을 받는다고 한다.

審判主는 耶穌是니 天下人을 俱必至하시고
심판주 야소시 천하인 구필지

1해 석 심판하시는 주는 예수시니 천하 사람을 함께 반드시 이르게 하시고

2한자풀이 審(살필 심) 判(판가름할 판) 主(주인 주) 耶(어조사 야) 穌(살아날 소) 是(이 시) 天(하늘 천) 下(아래 하) 人(사람 인) 俱(함께 구) 必(반드시 필) 至(이를 지)

按萬民의 意言行하여 主審判이 有一定이니라
안만민 의언행 주심판 유일정

1해 석 만민의 뜻과 말과 행실을 살피셔서 주께서 심판하시는 것이 일정하심이 있느니라.

2한자풀이 按(살필 안) 萬(일만 만) 民(백성 민) 意(뜻 의) 言(말씀 언) 行(갈 행) 主(주인 주) 審(살필 심) 判(판가름할 판) 有(있을 유) 一(한 일) 定(정할 정)

**3 주 석** 원본에는 '照萬民 意言行 受審判 有一定'으로 되어 있다.

**私審時는 魂歸陰하여 主臺前에 審分明이니**
사심시 혼귀음 주대전 심분명

**1 해 석** 사심판할 때에는 영혼이 음부로 돌아가 주의 앞에서 심판이 분명하나니

**2 한자풀이** 私(사사 사) 審(살필 심) 時(때 시) 魂(넋 혼) 歸(돌아갈 귀) 陰(응달 음) 帝(임금 제) 臺(돈대 대) 前(앞 전) 審(살필 심) 分(나눌 분) 明(밝을 명)

**3 주 석** 기독교의 심판에는 사심판과 공심판이 있다. 사심판은 개인별로 죽었을 때 받는 심판이고, 공심판은 이 세상 종말의 날에 이루어지는 집단적인 심판 즉 최후의 심판이다.

**升天堂은 是善人이요 落地獄은 皆惡魂이라**
승천당 시선인 낙지옥 개악혼

**1 해 석** 천당에 오르는 것은 착한 사람이요, 지옥에 떨어지는 것은 다 악한 혼이라.

**2 한자풀이** 升(오를 승) 天(하늘 천) 堂(집 당) 是(이 시) 善(착할 선)

人(사람 인) 落(떨어질 락) 地(땅 지) 獄(옥 옥) 皆(다 개) 惡(악할 악) 魂(넋 혼)

**無六道하고 無輪廻하고 止兩處가 魂所歸요**
무육도 무윤회 지양처 혼소귀

**1 해 석** 육도는 없는 것이고, 윤회도 없는 것이요, 다만 두 곳이 영혼들 돌아가는 데요

**2 한자풀이** 無(없을 무) 六(여섯 륙) 道(길 도) 無(없을 무) 輪(바퀴 륜) 廻(돌 회) 止(그칠 지) 兩(두 량) 處(살 처) 魂(넋 혼) 所(바 소) 歸(돌아갈 귀)

**3 주 석** 육도는 중생의 업인(業因)에 따라 태어나는 존재양상의 여섯 가지. 육도는 높은 곳에서부터 시작하여 천(天)·아수라(阿修羅)·인간(人間)·축생(畜生)·아귀(餓鬼)·지옥(地獄)의 세계로 분류된다. 이러한 세계는 중생이 몸과 말과 뜻으로 어떠한 업(業)을 지었는가에 따라서 태어난다. 윤회는 불교의 교리로서, 중생이 죽은 뒤 그 업(業)에 따라서 또 다른 세계에 태어난다는 것을 천명한 사상.

**公審日은 天地末에 天下人이 身再活이니**
공심일 천지말 천하인 신재활

**1 해 석** 공심판하는 날에는 천지 마지막에 천하 사람들의 육신이 다시 사나니

**2 한자풀이** 公(공변될 공) 審(살필 심) 日(날 일) 天(하늘 천) 地(땅 지) 末(끝 말) 天(하늘 천) 下(아래 하) 人(사람 인) 身(몸 신) 再(두 재) 活(살 활)

**3 주 석** '부활'을 '재활'이라 표현하고 있다. 부활은 신적 혹은 인간적 존재가 자신의 개성 또는 개별성을 보유한 채 죽음에서 소생하는 것. 이때 몸은 변할 수도 있고 변하지 않을 수도 있다. 흔히 몸의 부활에 관한 신앙을 그리스도와 관련지어 생각하는데, 이는 그리스도가 부활했다는 교리 때문이다.

**身與魂이 各相合하여 聽主審, 別善惡이니라**
신여혼 각상합 청주심 별선악

**1 해 석** 육신과 영혼이 서로 합하여 주의 심판하심을 들어 선악을 분별하느니라

**2 한자풀이** 身(몸 신) 與(더불 여) 魂(넋 혼) 各(각각 각) 相(서로 상) 合(합할 합) 聽(들을 청) 主(주인 주) 審(살필 심) 別(나눌 별) 善(착할 선) 惡(악할 악)

**復活事를 載聖經하니 理最妙라 爾宜明이어다**
부활사 재성경 이최묘 이의명

**1 해 석** 다시 사는 일을 성경에 기록하였으니 이치가 가장 묘한지라. 너희는 마땅히 밝히 알지어다.

**2 한자풀이** 復(다시 부) 活(살 활) 事(일 사) 載(실을 재) 聖(성스러울 성) 經(날 경) 理(다스릴 리) 最(가장 최) 妙(묘할 묘) 爾(너 이) 宜(마땅할 의) 明(밝을 명)

**復活事는 憑據眞이니 主死後에 三日生이로다**
부활사 빙거진 주사후 삼일생

**1 해 석** 다시 사는 일은 증거가 참되니, 주께서 죽으신 후 3일 만에 다시 사셨도다.

**2 한자풀이** 復(다시 부) 活(살 활) 事(일 사) 憑(기댈 빙) 據(의거할 거) 眞(참 진) 主(주인 주) 死(죽을 사) 後(뒤 후) 三(석 삼) 日(날 일) 生(날 생)

**復活體는 與今身으로 有分別하니 難竝論이라**
부활체 여금신 유분별 난병론

**1해 석** 다시 사는 몸은 지금 몸과 분별이 있으니, 함께 논하기가 어려우니라.

**2한자풀이** 復(다시 부) 活(살 활) 體(몸 체) 與(더불 여) 今(이제 금) 身(몸 신) 有(있을 유) 分(나눌 분) 別(나눌 별) 難(어려울 난) 並(아우를 병) 論(논할 론)

**今身體는 無榮光이요 是血氣니 易朽亡이어니와**
금신체 무영광 시혈기 이후망

**1해 석** 지금 몸은 영광이 없고 이는 혈기니 썩어 없어지기 쉽거니와

**2한자풀이** 今(이제 금) 身(몸 신) 體(몸 체) 無(없을 무) 榮(꽃 영) 光(빛 광) 是(이 시) 血(피 혈) 氣(기운 기) 易(쉬울 이) 朽(썩을 후) 亡(망할 망)

**復活體는 榮光有요 乃神靈이니 强不朽라**
부활체 영광유 내신령 강불후

**1해 석** 다시 사는 몸은 영광이 있고 이에 신령하니 강하여 썩지 않느니라.

**2한자풀이** 復(다시 부) 活(살 활) 體(몸 체) 榮(꽃 영) 光(빛 광) 有(있

을 유) 乃(이에 내) 神(귀신 신) 靈(신령 령) 强(굳셀 강) 不(아닐 부) 朽(썩을 후)

**身譬種컨대 埋於土하여 必化後에 始發出이니**
신비종 매어토 필화후 시발출

**1 해 석** 몸을 종자에 비유하건대, 흙에 묻어서 반드시 변화한 후에야 비로소 싹이 나나니

**2 한자풀이** 身(몸 신) 譬(비유할 비) 種(시 종) 埋(묻을 매) 於(어조사 어) 土(흙 토) 必(반드시 필) 化(될 화) 後(뒤 후) 始(처음 시) 發(필 발) 出(날 출)

**其發生은 新形狀이라 與種子로 乃兩樣이니**
기발생 신형상 여종자 내양양

**1 해 석** 그 싹나는 것은 새 형상이라. 종자와 함께 각각 두 가지 다른 모양이니

**2 한자풀이** 其(그 기) 發(필 발) 生(날 생) 新(새 신) 形(모양 형) 狀(형상 상) 與(더불 여) 種(씨 종) 子(아들 자) 乃(이에 내) 兩(두 량) 樣(모양 양)

**3주 석** '乃兩樣'이 원본에는 '便兩樣'으로 되어 있다.

**雖新形이 異舊體나 却是出, 原種裏니라**
수신형 이구체 각시출 원종리

**1해 석** 비록 새 형상이 옛 몸과 다르나, 결국은 원 종자에서 난 것이니라

**2한자풀이** 雖(비록 수) 新(새 신) 形(모양 형) 異(다를 이) 舊(예 구) 體(몸 체) 却(도리어 각) 是(이 시) 出(날 출) 原(근원 원) 種(씨 종) 裏(속 리)

**身與魂이 再相合하여 旣合後에 奄發落이니**
신여혼 재상합 기합후 엄발락

**1해 석** 몸과 영혼이 두 번째 다시 서로 합하여, 이미 서로 합한 후에 문득 끝이 나나니

**2한자풀이** 身(몸 신) 與(더불 여) 魂(넋 혼) 再(두 재) 相(서로 상) 合(합할 합) 旣(이미 기) 合(합할 합) 後(뒤 후) 奄(문득 엄) 發(필 발) 落(떨어질 락)

**3주 석** '奄發落'이 원문에 '便發落'으로 되어 있고, 奄자에 달린 훈

음이 '문득 변'으로 되어 있는 것으로 미루어 '便發落'의 오식으로 보인다. 발락은 '결정하여 끝냄'이란 뜻.

善升天하여 享永生하고 惡受苦라가 終沈淪이니라
선승천 향영생 악수고 종침륜

**1 해 석** 착한 이는 천당에 올라가 영생하는 복을 누리고, 악한 이는 고생을 받다가 마침내 지옥에 빠지느니라.

**2 한자풀이** 善(착할 선) 升(오를 승) 天(하늘 천) 享(누릴 향) 永(길 영) 生(날 생) 惡(악할 악) 受(받을 수) 苦(쓸 고) 終(끝날 종) 沈(가라앉을 침) 淪(빠질 륜)

多謝主하노니 使我明하여 此眞理를 存於心이로다
다사주 사아명 차진리 존어심

**1 해 석** 주께 많이 감사하노니, 나로 하여금 이 진리를 마음에 두게 하심이로다.

**2 한자풀이** 多(많을 다) 謝(사례할 사) 主(주인 주) 使(하여금 사) 我(나 아) 明(밝을 명) 此(이 차) 眞(참 진) 理(다스릴 리) 存(있을 존) 於(어조사 어) 心(마음 심)

**眞理明(진리명)이면 該感激(해감격)이니 熱心腸(열심장)으로 事上帝(사상제)하라**

**1 해 석** 참 이치가 분명하면 마땅히 감격할지니 열심히 하나님을 섬기라.

**2 한자풀이** 眞(참 진) 理(다스릴 리) 明(밝을 명) 該(그 해) 感(느낄 감) 激(부딪칠 격) 熱(더울 열) 心(마음 심) 腸(창자 장) 事(섬길 사) 上(위 상) 帝(임금 제)

# 14.

## 聖教經典 [기독교의 경전]
성교경전

人立教도 俱有經하니 耶穌教는 書何名고
인입교 구유경 야소교 서하명

**1 해 석** 사람이 세운 교에도 다 경서가 있으니, 예수교는 그 책을 무엇이라 이름하는고?

**2 한자풀이** 聖(거룩할 성) 教(가르칠 교) 經(날 경) 典(법 전) 人(사람 인) 立(설 립) 俱(함께 구) 有(있을 유) 耶(어조사 야) 穌(살아날 소) 書(글 서) 何(어찌 하) 名(이름 명)

**名聖書라 由上帝하니 與世書로 大有異로다**
명성서 유상제 여세서 대유이

**1 해 석** 그 이름은 성서라. 하나님으로부터 말미암았으니 세상의 책과는 대단히 다름이 있도다.

**2 한자풀이** 名(이름 명) 聖(성스러울 성) 書(글 서) 由(말미암을 유) 上(위 상) 帝(임금 제) 與(더불 여) 世(대 세) 大(큰 대) 有(있을 유) 異(다를 이)

**各教書는 皆由人이니 用意想하여 作而成이어니와**
각교서 개유인 용의상 작이성

**1 해 석** 각 교의 글은 다 사람으로 말미암았으니, 사람의 뜻과 생각으로 써서 이루어졌거니와

**2 한자풀이** 各(이름 명) 教(가르칠 교) 書(글 서) 皆(다 개) 由(말미암을 유) 人(사람 인) 用(쓸 용) 意(뜻 의) 想(생각할 상) 作(지을 작) 而(말 이을 이) 成(이룰 성)

**此聖書는 帝默示 猶太人하사 傳於世하시니**
차성서 제묵시 유태인 전어세

**1해 석** 이 성서는 하나님께서 유태 사람에게 묵시하사 세상에 전하시니

**2한자풀이** 此(이 차) 聖(성스러울 성) 書(글 서) 帝(임금 제) 默(잠잠할 묵) 示(보일 시) 猶(오히려 유) 太(클 태) 人(사람 인) 傳(전할 전) 於(어조사 어) 世(대 세)

**一新約이요 一舊約이라 分兩部로되 意相合하니**
일신약 일구약 분양부 의상합

**1해 석** 하나는 신약이요 하나는 구약이라. 두 부분으로 나뉘었으되 뜻은 서로 합하니

**2한자풀이** 一(한 일) 新(새 신) 約(맺을 약) 舊(예 구) 分(나눌 분) 兩(두 량) 部(분류 부) 意(뜻 의) 相(서로 상) 合(합할 합)

**此舊約은 諸聖賢이 感於神하여 寫書編이니**
차구약 제성현 감어신 사서편

**1해 석** 이 구약은 모든 성현이 성신에 감동되어 글로 써서 엮었으니

**2한자풀이** 此(이 차) 舊(예 구) 約(맺을 약) 諸(모든 제) 聖(성스러울 성) 賢(어질 현) 感(느낄 감) 於(어조사 어) 神(귀신 신) 寫(베낄 사)

書(글 서) 編(엮을 편)

**書大旨는 記上主의 造天地와 及人物과**
서대지 기상주 조천지 급인물

1해 석 글의 큰 뜻은 하나님께서 천지와 사람과 사물을 만드시고

2한자풀이 書(글 서) 大(큰 대) 旨(뜻 지) 記(기록할 기) 上(위 상) 主(주인 주) 造(지을 조) 天(하늘 천) 地(땅 지) 及(미칠 급) 人(사람 인) 物(만물 물)

**並始祖가 犯大罪하여 受帝罰과 累後輩와**
병시조 범대죄 수제벌 누후배

1해 석 아울러 시조가 큰 죄를 범하여 하나님의 벌을 받은 것과 자손에게 연루된 것과

2한자풀이 並(아우를 병) 始(처음 시) 祖(조상 조) 犯(범할 범) 大(큰 대) 罪(허물 죄) 受(받을 수) 帝(임금 제) 罰(죄 벌) 累(묶을 루) 後(뒤 후) 輩(무리 배)

**載洪水하여 滅世界와 救挪亞하여 緜支派와**
재홍수 멸세계 구나아 면지파

**1 해 석** 홍수에 실어 세계를 멸한 것과 나아[노아]를 구하여 지파가 이어지게 한 것과

**2 한자풀이** 載(실을 재) 洪(큰물 홍) 水(물 수) 滅(멸망할 멸) 世(대 세) 界(지경 계) 救(건질 구) 挪(옮길 나) 亞(버금 아) 緜(연이을 면) 支(가를 지) 派(물갈래 파)

**3 주 석** '載洪水'가 원본에는 '降洪水'로 되어 있다. 노아를 '挪亞'로 적고 있다.

**言帝選, 猶太人하여 爲聖民하여 守律論이요**
언제선 유태인 위성민 수율론

**1 해 석** 하나님께서 유대인을 선택하시어 거룩한 백성을 만들어 법과 의론을 지키게 하신 것을 기록하고

**2 한자풀이** 言(말씀 언) 帝(임금 제) 選(가릴 선) 猶(오히려 유) 太(클 태) 人(사람 인) 爲(할 위) 聖(성스러울 성) 民(백성 민) 守(지킬 수) 律(법 률) 論(논할 론)

**3 주 석** 원본에는 '猶太人 帝選拔 爲聖民 授律法'으로 되어 있다.

**且其中에 又記志는 猶太國, 千年事요**
차기중 우기지 유태국 천년사

**1 해 석** 또 그 가운데 기록한 기(記)와 지(志) 들은 유태(유대)국 천년의 일이요

**2 한자풀이** 且(또 차) 其(그 기) 中(가운데 중) 又(또 우) 記(기록할 기) 志(뜻 지) 猶(오히려 유) 太(클 태) 國(나라 국) 千(일천 천) 年(해 년) 事(일 사)

**3 주 석** 원전에서 "ᄯᅩ 그 즁에 긔록ᄒᆞᆫ ᄯᅳᆺ슨 유태국 쳔 년 일이오"라고 해석했는데, 문맥으로 보아 이 경우의 '기'와 '지'는 모세 오경과 역사서를 의미한다고 여겨진다. 이 부분이 원본에서는 '並應許 主降世 猶太國 千年事'로 되어 있다. '기(記)'와 '지(志)'는 한문 문체의 종류이기도 하다.

**此外有, 多聖詩요 多預言이니 出先知니라**
차외유 다성시 다예언 출선지

**1 해 석** 이 밖에 거룩한 글이 많이 있고, 미리 한 말이 많으니 선지자에서 나온 것이니라.

**2 한자풀이** 此(이 차) 外(밖 외) 有(있을 유) 多(많을 다) 聖(성스러울 성) 詩(시 시) 多(많을 다) 預(미리 예) 言(말씀 언) 出(날 출) 先(먼저 선) 知(알 지)

**3주 석** 이 부분이 원본에는 '更外有 多聖詩 多預言 出先知'로 되어 있다.

**至新約하여 其大旨는 記耶蘇가 降於世하사**
지신약 기대지 기야소 강어세

**1해 석** 신약에 이르러 그 큰 뜻은 예수께서 세상에 강생하사

**2한자풀이** 至(이를 지) 新(새 신) 約(맺을 약) 其(그 기) 大(큰 대) 旨(뜻 지) 記(기록할 기) 耶(어조사 야) 穌(살아날 소) 降(내릴 강) 於(어조사 어) 世(대 세)

**在世間하사 親立表하시고 行奇事하시며 傳眞道하시고**
재세간 친입표 행기사 전진도

**1해 석** 세상에서 친히 표를 세우시고 기이한 일을 행하시며 참 도를 전하시고

**2한자풀이** 在(있을 재) 世(대 세) 間(사이 간) 親(친할 친) 立(설 립) 表(겉 표) 行(갈 행) 奇(기이할 기) 事(일 사) 傳(전할 전) 眞(참 진) 道(길 도)

**後釘死(후정사), 十字架(십자가)하사 贖人罪(속인죄)하시며 正天法(정대법)하시고**

1해 석 후에 십자가에 못 박혀, 사람의 죄를 속하시고 하늘 법을 바르게 하시고

2한자풀이 後(뒤 후) 釘(못 정) 死(죽을 사) 十(열 십) 字(글자 자) 架(시렁 가) 贖(속바칠 속) 人(사람 인) 罪(허물 죄) 正(바를 정) 天(하늘 천) 法(법 법)

**死三日(사삼일)에 便復活(변부활)하사 四十日(사십일)에 歸帝座(귀제좌)하시니**

1해 석 죽으신 지 3일 만에 다시 살아나사 40일 후에 하나님의 우편 자리에 돌아가시니

2한자풀이 死(죽을 사) 三(석 삼) 日(날 일) 便(문득 변) 復(다시 부) 活(살 활) 四(넉 사) 十(열 십) 歸(돌아갈 귀) 帝(임금 제) 座(자리 좌)

**其使徒(기사도)가 傳眞理(전진리)하여 立敎會(입교회)하되 在各地(재각지)니라**

**1 해 석** 그 사도들이 참 이치를 전하여 교회를 세우되 각 지방에 있게 하였느니라.

**2 한자풀이** 其(그 기) 使(하여금 사) 徒(무리 도) 傳(전할 전) 眞(참 진) 理(다스릴 리) 立(설 립) 敎(가르칠 교) 會(모일 회) 在(있을 재) 各(이름 명) 地(땅 지)

**3 주 석** '傳眞理'가 원본에는 '傳道理'로 되어 있다.

**此聖書는 從天至하여 乃表明, 上帝旨요**
차성서 종천지 내표명 상제지

**1 해 석** 이 성경은 하늘로 좇아 이르러 하나님의 뜻을 표하여 밝히고

**2 한자풀이** 此(이 차) 聖(성스러울 성) 書(글 서) 從(좇을 종) 天(하늘 천) 至(이를 지) 乃(이에 내) 表(겉 표) 明(밝을 명) 上(위 상) 帝(임금 제) 旨(뜻 지)

**有權柄하여 能定下하니 人本分이 毫不差요**
유권병 능정하 인본분 호불차

**1 해 석** 권세 자루를 가지고 있어서 능히 아래 세상의 일을 정하니, 사람의 본분이 털끝만큼도 어그러지지 아니하고

**2 한자풀이** 有(있을 유) 權(권세 권) 柄(자루 병) 能(능할 능) 定(정할 정) 下(아래 하) 人(사람 인) 本(밑 본) 分(나눌 분) 毫(가는 털 호) 不(아닐 불) 差(어긋날 차)

**有智慧(유지혜)하여 解人疑(해인의)요 有眞理(유진리)하여 化人迷(화인미)로다**

**1 해 석** 지혜가 있어서 사람의 의심을 풀고, 참 이치가 있어서 사람 마음의 아득한 것을 변화시키도다.

**2 한자풀이** 有(있을 유) 智(슬기 지) 慧(슬기로울 혜) 解(풀 해) 人(사람 인) 疑(의심할 의) 有(있을 유) 眞(참 진) 理(다스릴 리) 化(될 화) 人(사람 인) 迷(미혹할 미)

**3 주 석** '有眞理'가 원본에는 '有道理'로 되어 있다.

**生死理(생사리)와 善惡報(선악보)를 讀此書(독차서)하여 便知道(변지도)니라**

**1 해 석** 죽고 사는 이치와 선악의 보응에 대하여, 이 글을 읽으면 문득 아느니라.

**2 한자풀이** 生(날 생) 死(죽을 사) 理(다스릴 리) 善(착할 선) 惡(악할

악) 報(갚을 보) 讀(읽을 독) 此(이 차) 書(글 서) 便(분득 변) 知(알 지) 道(길 도)

**身與魂이 分別出과 論天堂과 論地獄과**
신여혼 분별출 논천당 논지옥

**1 해 석** 몸과 영혼이 구별되어 나온 것, 천당에 대해 논한 것, 지옥에 대해 논한 것

**2 한자풀이** 身(몸 신) 與(더불 여) 魂(넋 혼) 分(나눌 분) 別(나눌 별) 出(날 출) 論(논할 론) 天(하늘 천) 堂(집 당) 地(땅 지) 獄(옥 옥)

**救魂法을 亦詳細하니 此書外에는 無實據라**
구혼법 역상세 차서외 무실거

**1 해 석** 영혼 구원하는 법을 또한 자세히 하니, 이 글 외에는 실상 증거가 없는지라.

**2 한자풀이** 救(건질 구) 魂(넋 혼) 法(법 법) 亦(또 역) 詳(자세할 상) 細(가늘 세) 此(이 차) 書(글 서) 外(밖 외) 無(없을 무) 實(열매 실) 據(의거할 거)

**3 주 석** '亦詳細'가 원문에는 '論得細'로 되어 있다.

**至寶貴는 此書籍이니 萬國人의 所當習이라**
지보귀 차서적 만국인 소당습

1 해 석 지극히 보배롭고 귀한 것은 이 글뿐이니, 만국 사람의 마땅히 읽을 것이라.

2 한자풀이 至(지극할 지) 寶(보배 보) 貴(귀할 귀) 此(이 차) 書(글 서) 籍(서적 적) 萬(일만 만) 國(나라 국) 人(사람 인) 所(바 소) 當(당할 당) 習(익힐 습)

**譯方言, 二百處하여 廣流行, 此聖書니라**
역방언 이백처 광유행 차성서

1 해 석 200개 방언으로 번역하여 널리 이 성경을 퍼뜨렸느니라

2 한자풀이 譯(통변할 역) 方(모 방) 言(말씀 언) 二(두 이) 百(일백 백) 處(살 처) 廣(넓을 광) 流(흐를 류) 行(갈 행) 此(이 차) 聖(성스러울 성) 書(글 서)

3 주 석 '此聖書'가 원본에는 '二約書'로 되어 있다.

4 해 설 200개 언어로 성경이 번역되었다고 하였는데, 대한성서공회에서 제공하는 정보에 의하면 1850년 당시의 통계이다. 1900년대에는 500개 언어, 1950년대에는 1000개 언어, 2012년 현재 2261개 언어로까지 확대되어 있다. 지금까지 알려진 바에 의하면 전 세계

종족의 언어는 모두 6500여 개라고 하니, 어쩌면 이들 모두의 언어로 성경이 번역되어 전파되는 날이 주님 재림의 날일지도 모를 일이다. 땅끝까지, 만민에게 복음이 전파되어야 주님이 오시겠다 약속하셨으니 말이다.

# 15.

## 略引聖經 [성경의 요약]
약인성경

**有亞當하니 在太初라 乃天下, 人始祖요**
유아당 재태초 내천하 인시조

**1 해 석** 아당[아담]이 있었으니 태고에 있었는지라, 곧 천하 사람의 시조요

**2 한자풀이** 略(대강 략) 引(이끌 인) 聖(거룩할 성) 經 (글 경) 有(있을 유) 亞(버금 아) 當(당할 당) 在(있을 재) 太(클 태) 初(처음 초) 乃(이에 내) 天(하늘 천) 下(아래 하) 人(사람 인) 始(처음 시) 祖(조상 조)

**3 주 석** 아담을 '亞當'으로 적고 있다.

**有夏娃하니 亞當婦라 天下人, 始祖母요**
유하와 아당부 천하인 시조모

1 해 석 하와가 있었으니 아당(아담)의 아내라 천하 사람의 시조모요

2 한자풀이 有(있을 유) 夏(여름 하) 娃(어여쁜계집 와) 亞(버금 아) 當(당할 당) 婦(며느리 부) 天(하늘 천) 下(아래 하) 人(사람 인) 始(처음 시) 祖(조상 조) 母(어미 모)

3 주 석 하와를 '夏娃'로 적고 있다.

**有該隱하니 惡無理하여 殺亞伯하니 乃其弟로다**
유해은 악무리 살아백 내기제

1 해 석 해은[가인]이 있었으니 악하고 도리가 없어 아백[아벨]을 죽였으니 바로 그 아우로다.

2 한자풀이 有(있을 유) 該(그 해) 隱(숨길 은) 惡(악할 악) 無(없을 무) 理(다스릴 리) 殺(죽일 살) 亞(버금 아) 伯(맏 백) 乃(이에 내) 其(그 기) 弟(아우 제)

3 주 석 가인을 '該隱'으로 적고, 아벨은 '亞伯'으로 적고 있다.

**爲何殺고 因其弟의 悅帝心하여 起妬忌니라**
위하살 인기제 열제심 기투기

**1 해 석** 어찌하여 죽였는고? 그 아우가 하나님의 마음을 즐겁게 하였기 때문에 질투심을 일으켰느니라.

**2 한자풀이** 爲(할 위) 何(어찌 하) 殺(죽일 살) 因(인할 인) 其(그 기) 弟(아우 제) 悅(기쁠 열) 帝(임금 제) 心(마음 심) 起(일어날 기) 妬(투기할 투) 忌(꺼릴 기)

**洪水時에 滅生物하니 是何人이 得救出고**
홍수시 멸생물 시하인 득구출

**1 해 석** 홍수 시절에 생물을 멸하니 어떤 사람이 구원을 얻었는고?

**2 한자풀이** 用(쓸 용) 洪(큰물 홍) 水(물 수) 滅(멸망할 멸) 生(날 생) 物(만물 물) 是(이 시) 何(어찌 하) 人(사람 인) 得(얻을 득) 救(건질 구) 出(날 출)

**有拿亞하니 與其妻와 其三子와 及三媳이라**
유나아 여기처 기삼자 급삼식

**1 해 석** 나아[노아]가 있었으니 그 아내와 그 세 아들과 세 며느리라.

**2 한자풀이** 有(있을 유) 拿(붙잡을 나) 亞(버금 아) 與(더불 여) 其(그 기) 妻(아내 처) 其(그 기) 三(석 삼) 子(아들 자) 及(미칠 급) 三(석 삼) 媳(며느리 식)

**3 주 석** '有拿亞'를 원본에서는 '有挪亞'로 적고 있다. 앞에서는 '挪亞'로 적고 여기서는 '拿亞'로 적어 일관성이 없다.

**子何名고 閃含是니 並雅弗하여 傳宗支하고**
자하명　섬함시　병아불　전종지

**1 해 석** 아들의 이름은 무엇이뇨? 섬[셈]과 함이니 아불[야벳]까지 아울러서 종지를 전하고

**2 한자풀이** 子(아들 자) 何(어찌 하) 名(이름 명) 閃(번쩍할 섬) 含(머금을 함) 是(이 시) 並(아우를 병) 雅(우아할 아) 弗(아닐 불) 傳(전할 전) 宗(마루 종) 支(가지 지)

**3 주 석** 노아의 아들 셈을 '閃', 함을 '含', 야벳을 '雅弗'로 적고 있다. 종지(宗支)는 종중(宗中)에서 종파(宗派)와 지파(支派)를 아울러 이르는 말.

亞伯蘭은 猶太祖니 事上帝에 信最篤이요
아백란 유태조 사상제 신최독

1해 석 아백란[아브라함]은 유태[유대]민족의 조상이니, 하나님을 섬김에서 믿음이 가장 돈독하고

2한자풀이 亞(버금 아) 伯(맏 백) 蘭(난초 란) 猶(오히려 유) 太(클 태) 祖(조상 조) 事(섬길 사) 上(위 상) 帝(임금 제) 信(믿을 신) 最(가장 최) 篤(도타울 독)

3주 석 아브라함을 '亞伯蘭'으로 적고 있다.

二世祖는 名以撒이니 蒙帝愛하여 守帝法하고
이세조 명이살 몽제애 수제법

1해 석 2세조는 이름이 이살[이삭]이니, 하나님의 사랑함을 입어 하나님의 법을 지키고

2한자풀이 二(두 이) 世(대 세) 祖(조상 조) 名(이름 명) 以(써 이) 撒(뿌릴 살) 蒙(입을 몽) 帝(임금 제) 愛(사랑 애) 守(지킬 수) 帝(임금 제) 法(법 법)

3주 석 이삭을 '以撒(이살)'로 적고 있다.

**至雅各하여는 乃三世요 利色列은 別名是라**
지아각 내삼세 이색렬 별명시

**1 해 석** 아각[야곱]에 이르러서는 이에 3세요 이색렬[이스라엘]은 별명이라.

**2 한자풀이** 至(이를 지) 雅(우아할 아) 各(각각 각) 乃(이에 내) 三(석 삼) 世(대 세) 利(날카로울 리) 色(빛 색) 列(벌일 렬) 別(나눌 별) 名(이름 명) 是(이 시)

**3 주 석** 이 대목이 원본에는 '以色列 卽雅各 是別名 載舊約'으로 되어 있다. 야곱을 '雅各'으로, 이스라엘을 '利色列'로 적고 있다.

**十二子가 分支派하여 猶太國에 傳宗代하니라**
십이자 분지파 유태국 전종대

**1 해 석** 열두 아들이 지파를 나누어 유태[유대]국에 종대를 전하니라.

**2 한자풀이** 十(열 십) 二(두 이) 子(아들 자) 分(나눌 분) 支(가지 지) 派(물갈래 파) 猶(오히려 유) 太(클 태) 國(나라 국) 傳(전할 전) 宗(마루 종) 代(대신할 대)

**3 주 석** 종대(宗代)는 종친으로서의 세대. 대군 자손은 4대까지, 왕자군 자손은 3대까지 군으로 봉하였다.

**有摩西하니 溫柔極하여 領猶太하고 出埃及이라가**
유마서 온유극 영유태 출애급

**1 해 석** 마서[모세]가 있었으니 지극히 온유하여 유태[유대]인을 거느려 애급[애굽 : 이집트]에서 나오다가

**2 한자풀이** 有(있을 유) 摩(갈 마) 西(서녘 서) 溫(따뜻할 온) 柔(부드러울 유) 極(다할 극) 領(거느릴 령) 猶(오히려 유) 太(클 태) 出(날 출) 埃(티끌 애) 及(미칠 급)

**3 주 석** 모세를 '麻西'로 애굽 즉 이집트를 '埃及'으로 적고 있다.

**西奈山에 傳帝命할새 十條誡를 授百姓하고**
서내산 전제명 십조계 수백성

**1 해 석** 서내[시내]산에서 하나님이 명하신 것을 전할새 열 가지 계명을 백성에게 주고

**2 한자풀이** 西(서녘 서) 奈(어찌 내) 山(뫼 산) 傳(전할 전) 帝(임금 제) 命(목숨 명) 十(열 십) 條(가지 조) 誡(경계할 계) 授(줄 수) 百(일백 백) 姓(성 성)

**3 주 석** 시내산을 '西奈山'으로 적고 있다.

**有大闢하니 在看羊이라가 被上帝의 施恩光하여**
유대벽 재간양 피상제 시은광

**1 해 석** 대벽[다윗]이 있었으니, 양 치는 데 있다가 하나님의 은혜 베푸심을 입어

**2 한자풀이** 有(있을 유) 大(큰 대) 闢(열 벽) 在(있을 재) 看(볼 간) 羊(양 양) 被(미칠 피) 上(위 상) 帝(임금 제) 施(베풀 시) 恩(은혜 은) 光(빛 광)

**3 주 석** 다윗을 '大闢'으로 적고 있다.

**立爲王하니 管大業하여 使治理, 以色列하고**
입위왕 관대업 사치리 이색렬

**1 해 석** 세워져 왕이 되었으니, 큰 사업을 거느려 이색렬[이스라엘]을 다스리게 하고

**2 한자풀이** 立(설 립) 爲(할 위) 王(임금 왕) 管(맡을 관) 大(큰 대) 業(업 업) 使(하여금 사) 治(다스릴 치) 理(다스릴 리) 以(써 이) 色(빛 색) 列(벌일 렬)

**3 주 석** 이스라엘을 '以色列'로 적고 있다.

**大闢子, 所羅門은 彼生性이 最聰明하고**
대벽자 소라문 피생성 최총명

**1 해 석** 대벽[다윗]의 아들 소라문[솔로몬]은 타고난 성품이 가장 총명하고

**2 한자풀이** 大(큰 대) 闢(열 벽) 子(아들 자) 所(바 소) 羅(새그물 라) 門(문 문) 彼(저 피) 生(날 생) 性(성품 성) 最(가장 최) 聰(귀밝을 총) 明(밝을 명)

**3 주 석** 솔로몬을 '所羅門'으로 적고 있다.

**救世者는 卽耶穌시니 虛己榮하고 降下土하시니**
구세자 즉야소 허기영 강하토

**1 해 석** 세상 구원한 이는 곧 예수시니, 자기 영화를 비우고 하토에 강생하시니

**2 한자풀이** 救(건질 구) 世(대 세) 者(놈 자) 卽(곧 즉) 耶(어조사 야) 穌(살아날 소) 虛(빌 허) 己(자기 기) 榮(꽃 영) 降(내릴 강) 下(아래 하) 土(흙 토)

## 到光緒, 十六年에 千八百, 九十年이라
도광서 십육년 천팔백 구십년

**1 해 석** 광서 16년에 이르러 1890년이라.

**2 한자풀이** 到(이를 도) 光(빛 광) 緖(실마리 서) 十(열 십) 六(여섯 륙) 年(해 년) 千(일천 천) 八(여덟 팔) 百(일백 백) 九(아홉 구) 十(열 십) 年(해 년)

**3 주 석** 이 대목이 원본에는 '到光緖 六年間 千八百 八十年'으로 되어 있다. 원본의 연대가 10년 앞서 있으므로 연호와 서기 연대가 10년씩 차이가 난다. 광서(光緖)는 중국 청나라 광서제 때의 연호(1875~1908).

## 開先路는 乃約翰이니 施洗禮를 在約但이라
개선로 내요한 시세례 재요단

**1 해 석** 먼저 길을 연 이는 이에 요한이니, 세례 베풀기를 요단에서 하니라.

**2 한자풀이** 開(열 개) 先(먼저 선) 路(길 로) 乃(이에 내) 約(맺을 요) 翰(날개 한) 施(베풀 시) 洗(씻을 세) 禮(예도 례) 在(있을 재) 但(다만 단)

**3 주 석** 요한을 '約翰', 요단을 '約但'으로 적고 있다. '約'의 훈과 발

음에 두 가지가 있으니, '맺을 약'과 '믿을 요'이다. '맺을 약'도 중국어 발음으로는 'yāo'이어서 우리 한자 발음과는 다르다.

**主耶穌가 親領洗하시니 旣爲人에 當盡禮니라**
주야소 친영세 기위인 당진례

**1 해 석** 주 예수께서 친히 영세하시니, 이미 사람이 되었으매 마땅히 예를 다한지라.

**2 한자풀이** 主(주인 주) 耶(어조사 야) 穌(살아날 소) 親(친할 친) 領(받을 령) 洗(씻을 세) 旣(이미 기) 爲(할 위) 人(사람 인) 當(당할 당) 盡(다할 진) 禮(예도 례)

**十二人이 從耶穌하여 面受教하고 稱使徒하니**
십이인 종야소 면수교 칭사도

**1 해 석** 열두 사람이 예수를 좇아 대면하여 가르침을 받고 사도라 일컬으니

**2 한자풀이** 十(열 십) 二(두 이) 人(사람 인) 從(좇을 종) 耶(어조사 야) 穌(살아날 소) 面(낯 면) 受(받을 수) 教(가르칠 교) 稱(일컬을 칭) 使(하여금 사) 徒(무리 도)

**3 주 석** 기독교에서의 '사도(使徒)'는 예수가 복음을 널리 전하기

위하여 특별히 뽑은 열두 제자. 베드로, 안드레, 야고보, 요한, 빌립, 바돌로매, 도마, 마태, 알패오의 아들 야고보, 다대오, 가나안의 시몬, 가룟 유다를 이른다. 여기에 특별히 바울을 포함한다.

**奉主志하여 傳福音하고 招萬衆하여 學而信하니라**
봉주지 전복음 초만중 학이신

**1 해 석** 주의 뜻을 받들어 복음을 전하고 일만 무리를 불러 배워서 믿게 하니라.

**2 한자풀이** 奉(받들 봉) 主(주인 주) 志(뜻 지) 傳(전할 전) 福(복 복) 音(소리 음) 招(부를 초) 萬(일만 만) 衆(무리 중) 學(배울 학) 而(말 이을 이) 信(믿을 신)

**3 주 석** '奉主志'가 원본에는 '奉主旨'로 되어 있다.

**有愛徒하니 名約翰이라 傳眞理를 熱心腸이요**
유애도 명요한 전진리 열심장

**1 해 석** 사랑하는 문도가 있으니 이름은 요한이라. 참 이치 전하기를 열심히 하고

**2 한자풀이** 有(있을 유) 愛(사랑 애) 徒(무리 도) 名(이름 명) 約(믿을 요) 翰(날개 한) 傳(전할 전) 眞(참 진) 理(다스릴 리) 熱(더울 열) 心

(마음 심) 腸(창자 장)

**3주 석** 한자 표기는 같지만 앞에 나온 세례자 요한과 예수님의 제자 요한은 동명이인이다. 우리와는 달리 이스라엘에는 동일한 이름이 아주 많다. 사도라 하지 않고 '문도[제자]'라고 하여 용어를 구분하고 있다는 것을 알 수 있다.

**有彼得하니 不認主로라 하다가 後知悔하여 心痛苦하고**
유피득 불인주 후지회 심통고

**1해 석** 피득[베드로]이 있으니 주를 아지 못하노라 부인하다가 후에 알고 뉘우쳐 마음이 아프게 괴로워하고

**2한자풀이** 有(있을 유) 彼(저 피) 得(얻을 득) 不(아닐 불) 認(알 인) 主(주인 주) 後(뒤 후) 知(알 지) 悔(뉘우칠 회) 心(마음 심) 痛(아플 통) 苦(쓸 고)

**3주 석** 베드로를 '彼得'으로 적고 있다.

**賣耶穌는 名猶大니 其貪心이 最可怕라**
매야소 명유대 기탐심 최가파

**1해 석** 예수를 판 이는 이름이 유대[유다]니 그 탐심이 가장 두렵

도다.

**2 한자풀이** 賣(팔 매) 耶(어조사 야) 穌(살아날 소) 名(이름 명) 猶(오히려 유) 大(큰 대) 其(그 기) 貪(탐할 탐) 心(마음 심) 最(가장 최) 可(옳을 가) 怕(두려워할 파)

**3 주 석** 가룟인 유다를 '猶大'로 적고 있다.

**後痛悔, 不該賣하고 退回銀, 三十塊나**
후통회 불해매 퇴회은 삼십괴

**1 해 석** 후에 마땅히 팔지 아니했어야 했다고 뉘우치고, 은 30 덩이를 도로 물렸으나

**2 한자풀이** 後(뒤 후) 痛(아플 통) 悔(뉘우칠 회) 不(아닐 불) 該(그 해) 賣(팔 매) 退(물러날 퇴) 回(돌 회) 銀(은 은) 三(석 삼) 十(열 십) 塊(흙덩이 괴)

**賣主血은 罪莫比라 銀退回하고 便自縊하니라**
매주혈 죄막비 은퇴회 변자액

**1 해 석** 주의 피를 판 것은 그 죄가 비할 데 없는지라, 은을 물리고 문득 스스로 목매다니라.

**2 한자풀이** 賣(팔 매) 主(주인 주) 血(피 혈) 罪(허물 죄) 莫(없을 막) 比(견줄 비) 銀(은 은) 退(물러날 퇴) 回(돌 회) 便(문득 변) 自(스스로 자) 縊(목맬 액)

**釘耶穌**(정야소), **十架上**(십가상)하니 **猶太人**(유태인)이 **惡非常**(악비상)이로다

**1 해 석** 예수를 십자 틀 위에 못질하였으니 유태[유대] 사람의 죄악이 비상하도다.

**2 한자풀이** 釘(못 정) 耶(어조사 야) 穌(살아날 소) 十(열 십) 架(시렁 가) 上(위 상) 猶(오히려 유) 太(클 태) 人(사람 인) 惡(악할 악) 非(아닐 비) 常(항상 상)

**不認主**(불인주), **來救世**(내구세)하고 **反厭惡**(반염오)하여 **害至死**(해지사)하니

**1 해 석** 주께서 오사 세상 구원하심을 알지 못하고 도리어 미워하여 해쳐서 죽기에 이르니

**2 한자풀이** 不(아닐 불) 認(알 인) 主(주인 주) 來(올 래) 救(건질 구) 世(대 세) 反(되돌릴 반) 厭(싫을 염) 惡(악할 악) 害(해칠 해) 至(이를 지) 死(죽을 사)

**後來受, 上帝刑하여 滅其國하고 散其民하니**
후래수 상제형 멸기국 산기민

1해 석 후에 하나님의 형벌을 받아 그 나라를 멸하고 그 백성을 흩으니

2한자풀이 後(뒤 후) 來(올 래) 受(받을 수) 上(위 상) 帝(임금 제) 刑(형벌 형) 滅(멸망할 멸) 其(그 기) 國(나라 국) 散(흩을 산) 其(그 기) 民(백성 민)

**此重刑을 主先言이시니 猶太人이 今可憐이로다**
차중형 주선언 유태인 금가련

1해 석 이 중한 형벌을 주께서 미리 말씀하시니 유태[유대] 사람이 지금 가련하도다.

2한자풀이 此(이 차) 重(무거울 중) 刑(형벌 형) 主(주인 주) 先(먼저 선) 言(말씀 언) 猶(오히려 유) 太(클 태) 人(사람 인) 今(이제 금) 可(옳을 가) 憐(불쌍히여길 련)

3해 설 "유대 사람이 지금 가련하도다"라고 한 것은, 그 당시는 이스라엘이 독립되지 못하고, 유대인이 세계 도처에서 떠돌이 생활을 하고 있었기 때문이다. 이스라엘이 디아스포라 생활을 청산하고 팔레스타인에 독립국가를 세운 해는 1948년이다. 그때까지 2천여 년 세월을 떠돌며 살았다.

**散四方하여 無寸土하고 失本國하니 眞苦楚로다**
산사방 무촌토 실본국 진고초

1 해석 사방에 흩어져 있어서 촌토도 없고 본국을 잃었으니 참 고생이로다.

2 한자풀이 散(흩을 산) 四(넉 사) 方(모 방) 無(없을 무) 寸(마디 촌) 土(흙 토) 失(잃을 실) 本(밑 본) 國(나라 국) 眞(참 진) 苦(쓸 고) 楚(가시나무 초)

3 주석 촌토(寸土)는 척토(尺土). 얼마 되지 않는 좁은 땅.

**主全能으로 不自救하시고 諸苦難을 甘心受는**
주전능 불자구 제고난 감심수

1 해석 주의 전능하심으로 스스로 구원치 아니하시고 모든 고난을 감심하여 받은 것은

2 한자풀이 主(주인 주) 全(온전할 전) 能(능할 능) 不(아닐 불) 自(스스로 자) 救(건질 구) 諸(모든 제) 苦(쓸 고) 難(어려울 난) 甘(달 감) 心(마음 심) 受(받을 수)

因要成, 救世法하여 願替死하니 德無涯로다
인요성 구세법 원참사 덕무애

1해 석 구세할 법 이루기를 인하여 대신 죽기를 원하니, 덕이 가없도다.

2한자풀이 因(인할 인) 要(구할 요) 成(이룰 성) 救(건질 구) 世(대 세) 法(법 법) 願(원할 원) 替(교대할 체) 死(죽을 사) 德(덕 덕) 無(없을 무) 涯(물가 애)

主不死면 衆人魂은 無指望하여 永沉淪이리라
주불사 중인혼 무지망 영침륜

1해 석 주께서 죽지 아니하면 뭇 사람의 혼은 바랄 것이 없어 영원히 침륜하리라.

2한자풀이 主(주인 주) 不(아닐 불) 死(죽을 사) 衆(무리 중) 人(사람 인) 魂(넋 혼) 無(없을 무) 指(가리킬 지) 望(바랄 망) 永(길 영) 沉(가라앉을 침) 淪(빠질 륜)

3주 석 침륜(沈淪)은 침몰(沈沒)과 같은 말이니, 물속에 가라앉음. 물속에 가라앉음. 재산이나 권세가 없어지고 보잘것없이 됨.

**猶太人이 不明此하여 殺害主는 逞己私요**
유태인 불명차 살해주 영기사

**1 해 석** 유태(유대) 사람이 이것에 밝지 못하여 주를 살해함은 자기 사사로운 마음을 기쁘게 한 것이요

**2 한자풀이** 猶(오히려 유) 太(클 태) 人(사람 인) 不(아닐 불) 明(밝을 명) 此(이 차) 殺(죽일 살) 害(해칠 해) 主(주인 주) 逞(즐거울 령) 己(자기 기) 私(사사 사)

**3 주 석** '不明此'가 원본에는 '本不知'로 되어 있다.

**獲大罪는 心意凶이니 凡不信이면 罪與同이니라**
획대죄 심의흉 범불신 죄여동

**1 해 석** 큰 죄를 얻음은 마음과 뜻이 흉악함이니 대저 믿지 아니하면 죄로 더불어 한가지니라.

**2 한자풀이** 獲(얻을 획) 大(큰 대) 罪(허물 죄) 心(마음 심) 意(뜻 의) 凶(흉할 흉) 凡(무릇 범) 不(아닐 불) 信(믿을 신) 罪(허물 죄) 與(더불 여) 同(한가지 동)

# 16.

## 警醒幼童 [아이들에 대한 깨우침]
경성유동

小子們아 本不一이라 好不好에 兩等矣니라
소자문 본불일 호불호 양등의

**1 해 석** 소자의 무리들아, 근본이 하나가 아니니, 좋고 좋지 아니한 것 이 두 가지니라.

**2 한자풀이** 警(깨달을 경) 醒(깰 성) 幼(어릴 유) 童(아이 동) 小(작을 소) 子(아들 자) 們(무리 문) 本(밑 본) 不(아닐 불) 一(한 일) 好(좋을 호) 好(좋을 호) 兩(두 량) 等(가지런할 등)

**3 주 석** '兩等矣'가 원본에는 '兩等的'으로 되어 있다. 소자(小子)는 스승이 제자를 자식처럼 친근하게 부르는 말.

**惡小子(악소자)는 無敬心(무경심)하여 輕上帝(경상제)와 逆雙親(역쌍친)과**

**1 해 석** 악한 소자는 공경하는 마음이 없어, 하나님을 경홀히 여기는 것과 쌍친을 거스르는 것과

**2 한자풀이** 惡(악할 악) 小(작을 소) 子(아들 자) 無(없을 무) 敬(공경할 경) 心(마음 심) 輕(가벼울 경) 上(위 상) 帝(임금 제) 逆(거스를 역) 雙(쌍 쌍) 親(친할 친)

**3 주 석** 쌍친(雙親) : 양친(兩親). 부친과 모친을 아울러 이르는 말.

**或呪罵(혹주매)와 或騙人(혹편인)과 說謊話(설황화)에는 無不能(무불능)이니**

**1 해 석** 혹 사람에 대해 악담하는 것과 사람을 속이는 것과 거짓말하는 데에는 능하지 아니함이 없나니

**2 한자풀이** 或(혹 혹) 呪(빌 주) 罵(욕할 매) 騙(속일 편) 人(사람 인) 說(말씀 설) 謊(잠꼬대 황) 話(말할 화) 無(없을 무) 不(아닐 불) 能(능할 능)

**此等子(차등자)를 誰不惡(수불오)리요 最可怕(최가파)는 是帝怒(시제노)로다**

**1 해 석** 이런 자식을 누가 미워 아니하리요? 가장 두려운 것은 하나님의 노하심이라.

**2 한자풀이** 此(이 차) 等(가지런할 등) 子(아들 자) 誰(누구 수) 不(아닐 불) 惡(미워할 오) 最(가장 최) 可(옳을 가) 怕(두려워할 파) 上(위 상) 帝(임금 제) 怒(성낼 노)

**3 주 석** 이 부분이 원본에는 '此等人　誰不惡　第一是　上帝怒'로 되어 있다.

**活在世**에 **無眞福**이요 **死必受**, **地獄苦**니
활재세　무진복　사필수　지옥고

**1 해 석** 살아 세상에 있으매 참 복이 없고, 죽어서 반드시 지옥 고생을 받나니

**2 한자풀이** 活(살 활) 在(있을 재) 世(대 세) 無(없을 무) 眞(참 진) 福(복 복) 死(죽을 사) 必(반드시 필) 受(받을 수) 地(땅 지) 獄(옥 옥) 苦(쓸 고)

**地獄裏**는 **惡人處**라 **與惡鬼**로 **一同住**니라
지옥리　악인처　여악귀　일동주

**1 해 석** 지옥 속은 악한 사람 있는 데라. 악귀로 더불어 한가지로 머무느니라.

**2 한자풀이** 地(땅 지) 獄(옥 옥) 裏(속 리) 惡(악할 악) 人(사람 인) 處(살 처) 與(더불 여) 惡(악할 악) 鬼(귀신 귀) 一(한 일) 同(한가지 동) 住(살 주)

好小子는 信救主하며 敬上帝하고 孝父母하며
호소자 신구주 경상제 효부모

**1 해 석** 좋은 소자는 구주를 믿으며 하나님을 공경하고 부모에게 효도하며

**2 한자풀이** 好(좋을 호) 小(작을 소) 子(아들 자) 信(믿을 신) 救(건질 구) 主(주인 주) 敬(공경할 경) 上(위 상) 帝(임금 제) 孝(효도 효) 父(아비 부) 母(어미 모)

不論是, 何罪惡하고 心惱恨을 不肯作이니라
불론시 하죄악 심뇌한 불긍작

**1 해 석** 어떤 죄악이든 논하지 아니하고, 마음에 답답하고 한스러운 일을 즐겨 짓지 아니하느니라.

**2 한자풀이** 不(아닐 불) 論(논할 론) 是(이 시) 何(어찌 하) 罪(허물 죄) 惡(악할 악) 心(마음 심) 惱(괴로워할 뇌) 恨(한할 한) 肯(즐기어할 긍) 作(지을 작)

**3 주 석** 원전에 '心惱限'이라 되어 있으나 원본에도 '心惱恨'으로 되어 있을 뿐만 아니라 문맥상으로도 그래야 옳으므로 바로잡았다.

**好小子**가 **若身亡**이면 **到何處**요 **卽天堂**이니
호소자 약신망 도하처 즉천당

**1 해 석** 좋은 소자가 만일 몸이 죽으면 어느 곳에 이르는가? 곧 천당이니

**2 한자풀이** 好(좋을 호) 小(작을 소) 子(아들 자) 若(같을 약) 身(몸 신) 亡(망할 망) 到(이를 도) 何(어찌 하) 處(살 처) 卽(곧 즉) 天(하늘 천) 堂(집 당)

**天堂上**은 **號明宮**이라 **多光亮**하고 **福無窮**하며
천당상 호명궁 다광량 복무궁

**1 해 석** 천당 위는 이름이 명궁이라. 빛이 많이 명랑하고 복이 무궁하며

**2 한자풀이** 天(하늘 천) 堂(집 당) 上(위 상) 號(부를 호) 明(밝을 명) 宮(집 궁) 多(많을 다) 光(빛 광) 亮(밝을 량) 福(복 복) 無(없을 무) 窮(다할 궁)

**有上帝**하며 **有耶穌**하며 **有天使**하며 **有聖徒**하니
(유상제 / 유야소 / 유천사 / 유성도)

**1 해 석** 하나님이 계시며 예수가 계시며 천사들이 있고 거룩한 무리가 있으니

**2 한자풀이** 有(있을 유) 上(위 상) 帝(임금 제) 耶(어조사 야) 穌(살아날 소) 天(하늘 천) 使(하여금 사) 聖(성스러울 성) 徒(무리 도)

**到天堂**이면 **心暢歡**하고 **無罪惡**하며 **無苦難**이요
(도천당 / 심창환 / 무죄악 / 무고난)

**1 해 석** 천당에 이르면 마음이 상쾌하며 기쁘고 죄악이 없으며 고난이 없고

**2 한자풀이** 到(이를 도) 天(하늘 천) 堂(집 당) 心(마음 심) 暢(펼 창) 歡(기뻐할 환) 無(없을 무) 罪(허물 죄) 惡(악할 악) 苦(쓸 고) 難(어려울 난)

**到天堂**이면 **永不離**하고 **享眞福**하여 **與天齊**니라
도천당 영불리 향진복 여천제

**1 해 석** 천당에 이르면, 영영 이별하지 아니하고 참 복을 누려 하늘과 같아지느니라

**2 한자풀이** 到(이를 도) 天(하늘 천) 堂(집 당) 永(길 영) 不(아닐 불) 離(떼놓을 리) 享(누릴 향) 眞(참 진) 福(복 복) 與(더불 여) 齊(가지런할 제)

부록 • I

# 사무엘 마펫

## ≪진리편독삼자경(眞理便讀三字經)≫ (1908)의 영인

하ᄂᆞ님을 공경ᄒᆞ고 부모의게 효도ᄒᆞ며 엇던 죄악이 던지 의론치 아니 ᄒᆞ고 ᄆᆞᄋᆞᆷ에 답답ᄒᆞ고 혼ᄒᆞᄂᆞᆫ 일을 즐겨 짓지 아니 ᄒᆞᄂᆞ니라 됴흔 쇼ᄌᆞ가 만일 몸이 죽으면 어ᄂᆞ 곳에 니르ᄂᆞ뇨 곳 텬당 이니 텬당 우회ᄂᆞᆫ 일홈이 명궁 이라 빗치 명량ᄒᆞᆷ이 만코 복이 무궁ᄒᆞ며 하ᄂᆞ님이 계시며 예수가 계시며 텬ᄉᆞ들이 잇고 거륵ᄒᆞᆫ 무리가 잇ᄉᆞ니 텬당에 니르면 ᄆᆞᄋᆞᆷ이 상쾌ᄒᆞ며 깃브고 죄악이 업ᄉᆞ며 고난이 업고 텬당에 니르면 영영 셔나지 아니ᄒᆞ고 참복을 누려 하ᄂᆞᆯ과 가쟉ᄒᆞ리라

到 니를 도 天 하늘 텬 堂 집 당 이면 永 길 영 不 아니 불 離 셔날 리 ᄒᆞ고

享 누릴 향 眞 ᄎᆞᆷ 진 福 복 복 ᄒᆞ야 與 더블 여 天 하늘 텬 齊 가족ᄒᆞᆯ 졔 니라

쇼ᄌᆞ의 무리들아 근본이 ᄒᆞ나히 아니라 됴코 됴치 아니 ᄒᆞᆫ 것 두 가지니라 악ᄒᆞᆫ 쇼ᄌᆞ는 공경ᄒᆞ는 ᄆᆞ음이 업서 하ᄂᆞ님을 경홀이 녁이는것과 쌍친을 거ᄉᆞ리는것과 혹 사ᄅᆞᆷ을 악담ᄒᆞ는것과 혹 사ᄅᆞᆷ을 속이는것과 거즛 말 ᄒᆞ는 ᄃᆡ에는 능ᄒᆞ지 아니 ᄒᆞᆷ이 업ᄂᆞ니 이런 ᄌᆞ식을 뉘가 뮈워 아니 ᄒᆞ리오 ᄆᆞ장 두려온거슨 하ᄂᆞ님의 노ᄒᆞ심이라 살아 셰샹에 잇ᄉᆞ매 ᄎᆞᆷ복이 업고 죽어셔 반ᄃᆞ시 더옥 고ᄉᆡᆼ을 밧ᄂᆞ니 디옥 속은 악ᄒᆞᆫ 사ᄅᆞᆷ 잇는 ᄃᆡ라 악귀로 더브러 ᄒᆞᆫ가지로 머무ᄂᆞ니라 됴ᄒᆞᆫ 쇼ᄌᆞ는 구쥬를 밋으며

多 만흘 다 光 빗 광 亮 붉을 량 ᄒᆞ고 福 복 복 無 업술 무 窮 다ᄒᆞᆯ 궁 ᄒᆞ며

有 잇술 유 上 웃 샹 帝 님금 뎨 ᄒᆞ며 有 잇술 유 耶 어조ᄉᆞ 야 蘇 살아날 소 ᄒᆞ며

有 잇술 유 天 하ᄂᆞᆯ 텬 使 ᄒᆞ여곰 ᄉᆞ ᄒᆞ며 有 잇술 유 聖 거룩 셩 徒 무리 도 ᄒᆞ니

到 니를 도 天 하ᄂᆞᆯ 텬 堂 집 당 이면 心 ᄆᆞᄋᆞᆷ 심 暢 하창ᄒᆞᆯ 창 歡 깃블 환 ᄒᆞ고

無 업술 무 罪 허물 죄 惡 오질 악 ᄒᆞ며 無 업술 무 苦 괴로을 고 難 어려올 난 이오

三字經

不 아니 불 論 의론 론 是 이 시 、 何 엇지 하 罪 허믈 죄 惡 모질 악 ᄒᆞ고

心 ᄆᆞ음 심 惱 답답ᄒᆞᆯ 노 限 ᄒᆞᆫᄒᆞᆯ ᄒᆞᆫ 을 不 아니 불 肯 즐길 긍 作 지을 작 이니라

好 됴ᄒᆞᆯ 호 小 적을 쇼 子 아ᄃᆞᆯ ᄌᆞ ㅣ 若 만일 약 身 몸 신 亡 망ᄒᆞᆯ 망 이면

到 니를 도 何 엇지 하 處 곳 쳐 오 即 곳 즉 天 하ᄂᆞᆯ 텬 堂 집 당 이니

天 하ᄂᆞᆯ 텬 堂 집 당 上 웃 샹 은 號 일홈 호 明 ᄇᆞᆰ을 명 宮 집 궁 이라

百四十八

死 죽을ᄉᆞ 必 반ᄃᆞ필 受 밧을슈、 地 짜 디 獄 옥 옥 苦 피로올고 니

地 짜 디 獄 옥 옥 裏 속 리 는 惡 모질악 人 사ᄅᆞᆷ인 處 곳 쳐 라

與 더블여 惡 모질악 鬼 귀신귀 로 一 ᄒᆞᆫ 일 同 ᄒᆞᆫ가지동 住 머물쥬 니라

好 됴흘호 小 적을쇼 子 아ᄃᆞᆯᄌᆞ 는 信 밋을신 救 구원구 主 님금쥬 ᄒᆞ며

敬 공경경 上 웃 샹 帝 님금뎨 ᄒᆞ고 孝 효도효 父 아비부 母 어미모 ᄒᆞ며

或 혹 혹
咒 주 주 져
罵 믜 질 지 수 와
或 혹 혹
騙 편 일 속
人 인 룸 사 과

說 셜 숨 말
謊 황 말 ᄌᆞᆺ 거
話 화 숨 말 에 는
無 무 술 업
不 불 니 아
能 능 홀 능 이 니

此 ᄎᆞ 이
等 등 리 무
子 ᄌᆞ 놀 아 를
誰 슈 구 누
不 불 니 아
惡 오 홀 워 뮈 리 오

最 최 장 ᄀᆞ
可 가 홀 올
怕 파 올 려 두 는
是 시 이
帝 뎨 금 님
怒 노 낼 셩 로 다

活 활 살
在 지 술 잇
世 셰 간 인 에
無 무 술 업
眞 진 참
福 복 복 이 오

十 열 십 六 여ᄉᆞᆺ 륙 警 ᄭᅴ드를 경 醒 ᄭᆡᆯ 셩 幼 어릴 유 童 ᄋᆞ희 동

小 적을 쇼 子 아ᄃᆞᆯ ᄌᆞ 們 무리 문아 本 밋 본 不 아니 불 一 ᄒᆞᆫ 일이라

好 됴흘 호 不 아니 불 好 됴흘 호에 兩 두 량 等 무리 등 矣 주비 의니라

惡 모질 악 小 적을 쇼 子 아ᄃᆞᆯ ᄌᆞ는 無 업슬 무 敬 공경 경 心 ᄆᆞ음 심ᄒᆞ야

輕 가ᄇᆡ야올 경 上 웃 샹 帝 님금 뎨와 逆 거ᄉᆞ릴 역 雙 쌍 쌍 親 어버이 친파

온 ᄌᆞ긔 ᄉᆞᄉᆞ ᄆᆞᄋᆞᆷ을 쾌히 ᄒᆞᆷ이오 큰 죄를 엇음은
ᄆᆞᄋᆞᆷ과 ᄯᅳᆺ시 흉악ᄒᆞᆷ이니 대뎌 밋지 아니 ᄒᆞ면 죄로
더브러 ᄒᆞᆫ가지니라

판 이ᄂᆞᆫ 일홈이 유대니 그 탐심이 ᄀᆞ장 두렵도다
후에 맛당이 파지 아니ᄒᆞᆯ거ᄉᆞᆯ 뉘웃고 은 삼십 뎡이
ᄅᆞᆯ 물니쳐나 쥬의 피ᄅᆞᆯ 판거ᄉᆞᆫ 죄가 비ᄒᆞᆯ ᄃᆡ가 업
ᄂᆞᆫ지라 은 인즉 물니치고 믄득 스ᄉᆞ로 목미니라
예수ᄅᆞᆯ 십ᄌᆞ를 우회 못질ᄒᆞ엿시니 유대 사ᄅᆞᆷ이 죄악
이 비샹ᄒᆞ도다 쥬ᄭᅴ셔 오샤 셰샹 구원ᄒᆞ심을 알지
못ᄒᆞ고 도로혀 뮈워ᄒᆞ여 해ᄒᆞ야 죽기에 ᄂᆞ린니 후
에 하ᄂᆞ님의 형벌을 밧아 그 나라ᄒᆞᆯ 멸ᄒᆞ고 그 ᄇᆡᆨ셩
을 혹호니 이 즁ᄒᆞᆫ 형벌을 쥬ᄭᅴ셔 미리 말ᄉᆞᆷᄒᆞ시니
유대 사ᄅᆞᆷ이 지금 가련ᄒᆞ도다 ᄉᆞ방에 혹히 잇서 촌
토가 업고 본국을 일헛시니 ᄎᆞᆷ 고ᄉᆡᆼ 이로다 쥬의 젼
능ᄒᆞ심으로 스ᄉᆞ로 구원치 아니ᄒᆞ시고 모든 고난을
감심ᄒᆞ야 밧은거ᄉᆞᆫ 구셰ᄒᆞᆯ 법 일우기ᄅᆞᆯ 인ᄒᆞ야 되신
죽기ᄅᆞᆯ 원ᄒᆞ니 덕이 가히 업도다 쥬ᄭᅴ셔 죽지 아니
ᄒᆞ면 뭇 사ᄅᆞᆷ의 혼은 ᄇᆞ랄거시 업서 영원이 침륜ᄒᆞ
리라 유대 사ᄅᆞᆷ이 이거ᄉᆞᆯ ᄇᆞᆰ지 못ᄒᆞ야 쥬ᄅᆞᆯ 살해ᄒᆞᆷ

三字經 百四十三

하ᄂᆞ님의 명ᄒᆞ신 거술 젼ᄒᆞᆯ시 열 가지 계명을 뫼셩
의게 주고 대벽이 잇ᄉᆞ니 양 치ᄂᆞᆫ듸 잇다가 하ᄂᆞ님
의 은혜 베프심을 닙어 세워 님금이 되니 큰 업을
거ᄂᆞ려 ᄒᆞ여곰 이스라엘을 다ᄉᆞ리게 ᄒᆞ고 대벽의 아ᄃᆞᆯ
소로문은 뎌의 텬싱 셩픔이 ᄀᆞ장 총명ᄒᆞ고 셰샹
구원ᄒᆞᆫ 이ᄂᆞᆫ 곳 예수시니 ᄌᆞ긔 영화를 뷔고 하 토에
강싱ᄒᆞ시니 광셔 십륙 년에 니ᄅᆞ러 일쳔구ᄇᆡᆨ팔 년
이라 몬져 길을 연이ᄂᆞᆫ 이에 요한 이니 셰례 베플기
를 요단에서 ᄒᆞ니라 쥬 예수ᄭᅴ셔 친히 령셰ᄒᆞ시니
임의 사ᄅᆞᆷ이 되매 맛당이 례를 다ᄒᆞᆯ지니라 열두
사ᄅᆞᆷ이 예수를 좃차 낫ᄒᆞ야 ᄀᆞᄅᆞ침을 밧고 ᄉᆞ도라
닐ᄏᆞᄅᆞ니 쥬의 ᄯᅳᆺ술 밧드러 복음을 젼ᄒᆞ고 일만
무리를 불너 비화 ᄆᆡᆺ게 ᄒᆞ니라 ᄉᆞ랑ᄒᆞᄂᆞᆫ 문도가
잇ᄉᆞ니 일홈은 요한 이라 춤리처 젼ᄒᆞ기를 열심으로
ᄒᆞ고 피득이 잇ᄉᆞ니 쥬를 아지 못 ᄒᆞ노라 ᄒᆞ다가
후에 알고 뉘우쳐 ᄆᆞ음이 압흐게 괴로와ᄒᆞ고 예수를

아당이 잇ᄉᆞ니 태고에 잇ᄂᆞᆫ지라 이에 텬하 사ᄅᆞᆷ의
시조요 하와가 잇ᄉᆞ니 아당의 지어미라 텬하 사ᄅᆞᆷ의
시조 모요 희은이 잇ᄉᆞ니 악ᄒᆞ고 도리가 업서 아ᄇᆡᆨ을
죽엿시니 이에 그 아오로다 엇지 ᄒᆞ야 죽엿ᄂᆞᆫ고 그
아오가 하ᄂᆞ님의 ᄆᆞ음을 즐겁게 ᄒᆞᆷ을 인ᄒᆞ야 투긔
ᄒᆞᆷ을 니ᄅᆞ키니라 홍슈 시절에 싱물을 멸ᄒᆞ니 이
엇더ᄒᆞᆫ 사ᄅᆞᆷ이 구원ᄒᆞᆷ을 엇엇ᄂᆞ뇨 노아가 잇ᄉᆞ니
그 안ᄒᆡ와 그 세 아ᄃᆞᆯ과 밋 세 며ᄂᆞ리라 아ᄃᆞᆯ의
일홈은 무어시뇨 셤파 함이니 아블 ᄉᆞ지 아울너
종지를 젼ᄒᆞ고 아부라함은 유태국 조샹이니 하ᄂᆞ님
을 셤기매 밋음이 ᄀᆞ장 돈독ᄒᆞ고 이 셰조ᄂᆞᆫ 일홈이
이삭이니 하ᄂᆞ님의 ᄉᆞ랑ᄒᆞᆷ을 닙어 하ᄂᆞ님의 법을
직희고 아각에 니ᄅᆞ러ᄂᆞᆫ 이에 삼셰오 이스라엘은
별명 이라 열두 아ᄃᆞᆯ이 지파를 ᄂᆞᆫ호어 유대국에
종ᄃᆡ를 젼ᄒᆞ니라 마셔가 잇ᄉᆞ니 지극히 온유ᄒᆞ야
유대 사ᄅᆞᆷ을 거ᄂᆞ려 애굽에셔 나오다가 셔내 산에셔

無 업슬 무
指 ᄀᆞᄅᆞ칠 지
望 ᄇᆞᄒᆞ야 랄 망
永 길 영
沉 ᄌᆞᆷ길 침
淪 ᄲᆞ이리 질라 륜

猶 ᄀᆞᆺ흘 유
太 클 태
人 사이 ᄅᆞᆷ 인
不 아니 불
明 ᄇᆞᆰ을 명
此 이ᄒᆞ야 ᄎᆞ

殺 죽일 살
害 해ᄒᆞᆯ 해
主 님ᄂᆞᆫ 금 쥬
逞 쾌ᄒᆞᆯ 령
己 몸 긔
私 ᄉᆞ오 ᄉᆞ ᄉᆞ

獲 엇을 획
大 큰 대
罪 허ᄂᆞᆫ 믈 죄
心 ᄆᆞ음 심
意 ᄯᅳᆺ 의
兇 흉이니 ᄒᆞᆯ 흉

凡 므릇 범
不 아니 불
信 밋이면 을 신
罪 허믈 죄
與 더블 여
同 ᄒᆞᆫ이니 가라 지 동

主 님금 쥬 全 온젼 젼 能 능ᄒᆞᆯ 능 으로 不 아니 불 自 스ᄉᆞ리 ᄌᆞ 救 구원 구 ᄒᆞ시고

諸 모들 져 苦 괴로올 고 難 어려올 난 을 甘 달 감 心 ᄆᆞ음 심 受 밧을 슈 는

因 인ᄒᆞᆯ 인 要 요긴 요 成 일울 셩、 救 구원 구 世 인간 셰 法 법 법 ᄒᆞ야

願 원ᄒᆞᆯ 원 替 ᄃᆡ신 톄 死 죽을 ᄉᆞ ᄒᆞ니 德 큰 덕 無 업슬 무 涯 가 애 로다

主 님금 쥬 不 아니 불 死 죽을 ᄉᆞ 면 衆 무리 즁 人 사ᄅᆞᆷ 인 魂 혼 혼 은

三字經

滅 멸홀 멸 其 그 기 國 나라 국 ᄒᆞ고 散 흣홀 산 其 그 기 民 ᄇᆡᆨ셩 민 ᄒᆞ니

此 이 ᄎᆞ 重 즁홀 즁 刑 형벌 형 을 主 님금 쥬 先 몬져 션 言 말ᄉᆞᆷ 언 이시니

猶 ᄀᆞᆺ홀 유 太 클 태 人 사ᄅᆞᆷ 인 이 今 이제 금 可 올홀 가 憐 불샹 련 이로다

散 흣홀 산 四 넉 ᄉᆞ 方 모 방 ᄒᆞ야 無 업슬 무 寸 마듸 촌 土 ᄒᆞᆰ 토 ᄒᆞ고

失 일흘 실 本 밋 본 國 나라 국 ᄒᆞ니 眞 참 진 苦 괴로올 고 楚 압흘 초 로다

百三十八

釘 못 뎡 耶 어조ᄉᆞ 야 穌 살아날 소、十 열 십 架 틀 가 上 웃 샹 ᄒᆞ니

猶 ᄀᆞᆺᄒᆞᆯ 유 太 클 태 人 사ᄅᆞᆷ 인 이 惡 모질 악 非 아닐 비 常 ᄯᅥᆺᄯᅥᆺ 샹 이로다

不 아니 불 認 알 인 主 님금 쥬、來 올 릐 救 구원 구 世 인간 셰 ᄒᆞ고

反 도로힐 반 厭 슬힐 염 惡 뮈워ᄒᆞᆯ 오 ᄒᆞ야 害 해ᄒᆞᆯ 해 至 니를 지 死 죽을 ᄉᆞ ᄒᆞ니

後 뒤 후 來 올 릐 受 밧을 슈、上 웃 샹 帝 님금 뎨 刑 형벌 형 ᄒᆞ야

其 그 기
貪 탐홀 탐
心 ᄆᆞ음 심이
最 ᄀᆞ장 최
可 올홀 가
怕 두려울 파라

後 뒤 후
痛 압흘 통
悔 뉘웃칠 회、
不 아니 불
該 맛당 히
賣 팔 매ᄒᆞ고

退 물너갈 되
田 도라올 회
銀 은 은、
三 석 삼
十 열 십
塊 덩이 괴나

賣 팔 매
主 님금 쥬
血 피 혈은
罪 허물 죄
莫 말 막
比 견줄 비라

銀 은 은
退 물너갈 되
田 도라올 회ᄒᆞ고
便 믄득 변
自 스ᄉᆞ리 ᄌᆞ
縊 목밀 의ᄒᆞ니라

三字經

百三十六

有(잇술 유) 愛(ᄉᆞ랑 ᄋᆡ) 徒(무리 도)ᄒᆞ니 名(일홈 명) 約(밋을 요) 翰(늘기 한)이라

傳(젼ᄒᆞᆯ 젼) 眞(참 진) 理(리치 리)를 熱(더울 열) 心(ᄆᆞ음 심) 腸(창ᄌᆞ 장)이오

有(잇술 유) 彼(뎌 피) 得(엇을 득)ᄒᆞ니 不(아니 불) 認(알 인) 主(님금 쥬)로라ᄒᆞ다가

後(뒤 후) 知(알 지) 悔(뉘웃칠 회)ᄒᆞ야 心(ᄆᆞ음 심) 痛(압흘 통) 苦(괴로올 고)ᄒᆞ고

賣(팔 매) 耶(어조ᄉᆞ 야) 穌(살아날 소)는 名(일홈 명) 猶(ᄯᅩᄒᆞᆯ 유) 大(큰 대)니

既 임의 긔 爲 ᄒᆞᆯ 위 人 사ᄅᆞᆷ 인 에 當 맛당 당 盡 다ᄒᆞᆯ 진 禮 례도 례 니라

十 열 십 二 두 이 人 사ᄅᆞᆷ 인 이 從 좃ᄎᆞᆯ 죵 耶 어조ᄉᆞ 야 穌 살아날 소 ᄒᆞ야

面 낫 면 受 밧을 슈 教 ᄀᆞᄅᆞ칠 교 ᄒᆞ고 稱 닐ᄏᆞᄅᆞᆯ 칭 使 ᄒᆞ여곰 ᄉᆞ 徒 무리 도 ᄒᆞ니

奉 밧들 봉 主 님금 쥬 旨 ᄯᅳᆺ 지 ᄒᆞ야 傳 젼ᄒᆞᆯ 젼 福 복 복 音 소ᄅᆡ 음 ᄒᆞ고

招 부ᄅᆞᆯ 쵸 萬 일만 만 衆 무리 즁 ᄒᆞ야 學 ᄇᆡ홀 학 而 말이을 이 信 밋을 신 ᄒᆞ니라

到 니룰도 光 빗광 緖 실마리셔、十 열십 六 여숫륙 年 히년에

千 일쳔쳔 八 여둛팔 百 일빅빅、九 아홉구 十 열십 年 히년이라

開 열기 先 몬져션 路 길로는 乃 이에내 約 밋을요 翰 늘기한이니

施 베플시 洗 씨슬세 禮 례도례를 在 잇술지 約 밋을요 但 다만만이라

主 님금쥬 耶 어조ᄉᆞ야 穌 살아날소ㅣ 親 친홀친 領 거늘릴령 洗 씨술세ᄒᆞ시니

使 ᄒᆞ여곰 ᄉᆞ 治 다ᄉᆞ릴 치 理 다ᄉᆞ릴 리、 以 ᄡᅥ 이 色 빗 ᄉᆡᆨ 列 벌ᄒᆞ고 렬

大 큰 대 闢 열닐 벽 子 아ᄃᆞᆯ ᄌᆞ、 所 바 소 羅 벌 라 門 문은 문

彼 뎌 피 生 날 ᄉᆡᆼ 性 셩픔이 셩 最 ᄀᆞ장 최 聰 ᄇᆞᆰ을 총 明 ᄇᆞᆰ을 명ᄒᆞ고

救 구원 구 世 인간 셰 者 놈는 쟈 卽 곳 즉 耶 어조ᄉᆞ 야 穌 살아날 소 시니

虛 빌 허 己 몸 긔 榮 영화ᄒᆞ고 영 降 ᄂᆞ릴 강 下 아래 하 土 흙 토 ᄒᆞ시니

西 셔녁셔 奈 엇지내 山 뫼에 산 傳 젼홀젼 帝 님금뎨 命 목숨명 홀시

十 열십 條 가지됴 誡 경계계 롤 授 줄슈 百 일빅빅 姓 셩셩 ᄒᆞ고

有 잇술유 大 큰대 闢 열닐벽 ᄒᆞ니 在 잇술지 看 볼간 羊 양양 가이라

被 닙을피 上 웃샹 帝 님금뎨 의 施 베플시 恩 은혜은 光 빗광 ᄒᆞ야

立 셜닙 爲 ᄒᆞᆯ위 王 님금왕 ᄒᆞ니 管 거ᄂᆞ릴관 大 큰대 業 업업 ᄒᆞ야

以 써 이
色 빗 ᄉᆡᆨ
列 벌 렬 온
別 다를 별
名 일홈 명
是 이 시 라

十 열 십
二 두 이
子 아ᄃᆞᆯ ᄌᆞ ㅣ
分 ᄂᆞᆫᄒᆞᆯ 분
支 가지 지
派 갈널 파 ᄒᆞ야

猶 ᄀᆞᆺᄒᆞᆯ 유
太 클 태
國 나라 국 에
傳 젼ᄒᆞᆯ 젼
宗 마루 종
代 ᄃᆡ신 ᄃᆡ ᄒᆞ니라

有 잇ᄉᆞᆯ 유
摩 문질 마
西 셔녁 셔 ᄒᆞ니
溫 다ᄉᆞᆯ 온
柔 부드러올 유
極 극진 극 ᄒᆞ야

領 거나릴 령
猶 ᄀᆞᆺᄒᆞᆯ 유
太 클 태 ᄒᆞ고
出 날 츌
埃 틔ᄭᅳᆯ 애
及 깃칠 급 이라가

三字經 百二十

亞 버금 아 伯 맛 ᄇᆡᆨ 蘭 란초 란 는
猶 갓흘 유 太 클 태 祖 할아비 조 니

事 섬길 ᄉᆞ 上 옷 샹 帝 님금 뎨 에
信 밋을 신 最 ᄀᆞ장 최 篤 도타올 독 이오

二 두 이 世 인간 셰 祖 할아비 조 는
名 일홈 명 以 써 이 撒 흣흘 산 이니

蒙 무릅쓸 몽 帝 님금 뎨 愛 ᄉᆞ랑 ᄋᆡ ᄒᆞ야
守 직힐 슈 帝 님금 뎨 法 법 법 ᄒᆞ고

至 니를 지 雅 ᄆᆞᆰ을 아 各 각 각 ᄒᆞ야ᄂᆞᆫ
乃 이에 내 三 석 삼 世 인간 셰 오

是 이 시 何 엇지 하 人 사룸이 인 得 엇을 득 救 구원 구 出 날고 출

有 잇슬 유 拿 잡을 나 亞 버금호니 아 與 더불 여 其 그 기 妻 안해와 쳐

其 그 기 三 석 삼 子 아돌와 ᄌᆞ 及 밋칠 급 三 석 삼 媳 며ᄂᆞ리이라 식

子 아돌 ᄌᆞ 何 엇지 하 名 일흠고 명 閃 번쩍 셤 含 먹음을 함 是 이니 시

並 아울을 병 雅 몱을 아 弗 아니호야 불 傳 젼홀 젼 宗 마루 종 支 가지호고 지

三字經 百二十八

有 잇술 유 該 맛당 히 隱 숨을 은 ᄒᆞ니 惡 모질 악 無 업술 무 理 리치 리 ᄒᆞ야

殺 죽일 살 亞 버금 아 伯 맛 빅 ᄒᆞ니 乃 이에 내 其 그 기 第 아오 뎨 로다

爲 ᄒᆞᆯ 위 何 엇지 하 殺 죽일 살 고 因 인ᄒᆞᆯ 인 其 그 기 弟 아오 뎨 의

悅 깃블 열 帝 님금 뎨 心 ᄆᆞᄋᆞᆷ 심 ᄒᆞ야 起 닐 긔 妒 투긔 투 忌 써릴 긔 니라

洪 넓을 홍 水 물 슈 時 쌔 시 에 滅 멸ᄒᆞᆯ 멸 生 날 싱 物 만물 몰 ᄒᆞ니

十 열 십 五 다ᄉ 오 畧 대강 략 引 잇쓸 인 聖 거룩 셩 經 글 경

有 잇슬 유 亞 버금 아 當 맛당 당 ᄒᆞ니 在 잇슬 지 太 클 태 初 처음 초 라

乃 이에 내 天 하늘 텬 下 아래 하、 人 사람 인 始 비로솔 시 祖 할아비 조 오

有 잇슬 류 夏 녀름 하 娃 계집 와 ᄒᆞ니 亞 버금 아 當 맛당 당 婦 지어미 부 라

天 하늘 텬 下 아래 하 人 사람 인、 始 비로솔 시 祖 할아비 조 母 어미 모 오

三字經 百二十六

ᄒᆞ니 이 글 외에는 실샹 빙거가 업는지라 지극히
보ᄇᆡ롭고 귀ᄒᆞᆫ 거슨 이 글 ᄲᅮᆫ 이니 만국 사ᄅᆞᆷ의
맛당이 닑을 거시라 이ᄇᆡᆨ 곳 방언으로 번역ᄒᆞ야
널니 이 셩경을 류ᄒᆡᆼᄒᆞ엿ᄂᆞ니라

그 즁에 거록ᄒᆞᆫ 뜻슨 유태국 쳔 년 일이오 이 밧긔
거록ᄒᆞᆫ 글이 만히 잇고 미리 ᄒᆞᆫ 말이 만ᄒᆞ니 션지로
내게 ᄒᆞ신거시니라 신약에 니르러 그 큰 뜻슨 예수
씌셔 셰샹에 강셩ᄒᆞ샤 셰샹에셔 친히 표를 세우시고
긔이ᄒᆞᆫ 일을 힝ᄒᆞ시며 ᄎᆞᆷ도를 젼ᄒᆞ시고 후에 십ᄌᆞ가
에 못박혀 사ᄅᆞᆷ의 죄를 쇽ᄒᆞ시고 하날 법을 바ᄅᆞ게
ᄒᆞ시고 죽으신지 삼 일 만에 다시 살아나샤 ᄉᆞ십 일
후에 하ᄂᆞ님의 우편 자리에 도라가시니 그 ᄉᆞ도
들이 ᄎᆞᆷ리치를 젼ᄒᆞ야 교회를 세우ᄃᆡ 각 디방에
잇ᄂᆞ니라 이 셩경은 하늘노 좃차 니르러 하ᄂᆞ님의
뜻슬 표ᄒᆞ야 ᄇᆞᆰ히고 권셰 자로가 잇서 능히 아래를
뎡ᄒᆞ니 사ᄅᆞᆷ의 본분이 털끗 만콤 도 어그러지지 아니
ᄒᆞ고 지혜가 잇서 사ᄅᆞᆷ의 의심을 풀고 ᄎᆞᆷ리치가 잇서
사ᄅᆞᆷ의 ᄆᆞ음에 아득ᄒᆞᆫ 거슬 화ᄒᆞ도다 죽고 사ᄂᆞᆫ 리치와
션악의 보응을 이 글을 닑으면 믄득 알니라 몸과
다못 령혼이 분별ᄒᆞ여 난것과 텬당을 의론ᄒᆞᆫ 것과
디옥을 의론ᄒᆞᆫ 것과 령혼 구원ᄒᆞᄂᆞᆫ 법을 또ᄒᆞᆫ ᄌᆞ셰히

## 廣 넓을 광 流 ᄒᆞᄅᆞᆯ 류 行 힝ᄒᆞᆯ 힝 、此 이 ᄎᆞ 聖 거륵 셩 書 글 셔 니라

사ᄅᆞᆷ이 세운 교도 다 경셔가 잇ᄉᆞ니 예수교ᄂᆞᆫ 글을 무어시라 일홈 ᄒᆞ고 일홈은 셩셔라 하ᄂᆞ님으로 말믜암앗시니 세샹 글노 대단이 다름이 잇도다 각 교에 글은 다 사ᄅᆞᆷ으로 말믜암앗시니 ᄯᅳᆺ파 ᄉᆡᆼ각으로 써 지어 일우엇거니와 이 셩셔ᄂᆞᆫ 하ᄂᆞ님ᄭᅴ셔 유태 사ᄅᆞᆷ의게 믁시ᄒᆞ샤 세샹에 젼ᄒᆞ시니 ᄒᆞ나흔 신약 이오 ᄒᆞ나흔 구약 이라 두 톄에 ᄂᆞᆫ호엿시나 ᄯᅳᆺ순 서로 합ᄒᆞ니 이 구약은 모든 셩현이 셩신에 감동ᄒᆞ야 글에 써시니 글의 큰 ᄯᅳᆺ순 하ᄂᆞ님ᄭᅴ셔 텬디와 인물을 ᄆᆞᆫᄃᆞ시고 아올나 시조가 큰 죄ᄅᆞᆯ 범ᄒᆞ야 하ᄂᆞ님의 벌을 밧은것과 ᄌᆞ손의게 루 된것과 홍슈ᄅᆞᆯ 실어 세계ᄅᆞᆯ 멸ᄒᆞᆫ것과 노아ᄅᆞᆯ 구ᄒᆞ야 지파ᄅᆞᆯ 퍼지게 ᄒᆞᆫ것과 하ᄂᆞ님ᄭᅴ셔 유태 사ᄅᆞᆷ을 ᄲᅢ샤 거륵ᄒᆞᆫ ᄇᆡᆨ셩을 ᄆᆞᆫᄃᆞ러 법과 의론을 직히게 ᄒᆞ신거ᄉᆞᆯ 긔록ᄒᆞ고 ᄯᅩ

三字經

救 구원 구 魂 혼 혼 法 법을 법 亦 또 역 詳 ᄌ셰 샹 細 ᄌ셰ᄒ니 셰

此 이 ᄎ 書 글 셔 外 밧에ᄂᆞᆫ 외 無 업ᄉᆞᆯ 무 實 실샹 실 據 빙거라 거

至 지극 지 寶 보ᄇᆡ 보 貴 귀ᄒᆞᆯᄂᆞᆫ 귀 此 이 ᄎ 書 글 셔 籍 글이니 젹

萬 일만 만 國 나라 국 人 사ᄅᆞᆷ의 인 所 바 소 當 맛당 당 習 익힐이라 습

譯 번역 역 方 모 방 言 말ᄉᆞᆷ、 언 二 두 이 百 일ᄇᆡᆨ ᄇᆡᆨ 處 곳ᄒᆞ야 쳐

百二十二

有 잇슬 유 眞 ᄎᆞᆷ 진 理 리치 리 ᄒᆞ야 化 화ᄒᆞᆯ 화 人 사ᄅᆞᆷ 인 迷 아득ᄒᆞᆯ 미 로다

生 날 ᄉᆡᆼ 死 죽을 ᄉᆞ 理 리치 리 와 善 착ᄒᆞᆯ 션 惡 악ᄒᆞᆯ 악 報 갑ᄒᆞᆯ 보 를

讀 닑을 독 此 이 ᄎᆞ 書 글 셔 ᄒᆞ면 便 믄득 변 知 알 지 道 길 도 니라

身 몸 신 與 더불 여 魂 혼 혼 이 分 ᄂᆞᆫᄒᆞᆯ 분 別 다ᄅᆞᆯ 별 出 날 츌 파

論 의론 론 天 하ᄂᆞᆯ 텬 堂 집 당 파 論 의론 론 地 ᄯᅡ 디 獄 옥 옥 파

此(이 ᄎᆞ) 聖(거룩 셩) 書(글 셔)는 從(좃출 죵) 天(하늘 텬) 至(니를 지)니ᄒᆞ야

乃(이에 내) 表(밧 표) 明(ᄇᆞᆰ을 명)、上(웃 샹) 帝(님금 뎨) 旨(뜻 지)오

有(잇ᄉᆞᆯ 유) 權(권셰 권) 柄(자로 병)ᄒᆞ야 能(능ᄒᆞᆯ 능) 定(뎡ᄒᆞᆯ 뎡) 下(아래 하)ᄒᆞ니

人(사ᄅᆞᆷ 인) 本(밋 본) 分(논홀 분)이 毫(터럭 호) 不(아니 불) 差(어길 차)요

有(잇ᄉᆞᆯ 유) 智(지혜 지) 慧(지혜 혜)ᄒᆞ야 解(풀 ᄒᆡ) 人(사ᄅᆞᆷ 인) 疑(의심 의)요

三字經 百二十

贖 쇽ᄒᆞᆯ 쇽 人 사ᄅᆞᆷ 인 罪 허물 죄 ᄒᆞ시며
正 바ᄅᆞᆯ 졍 天 하ᄂᆞᆯ 텬 法 법 법 ᄒᆞ시고

死 죽을 ᄉᆞ 三 석 삼 日 날 일 에
便 믄득 변 復 다시 부 活 살 활 ᄒᆞ샤

四 넉 ᄉᆞ 十 열 십 日 날 일 에
歸 도라갈 귀 帝 님금 뎨 座 자리 좌 ᄒᆞ시니

其 그 기 使 ᄒᆞ여곰 ᄉᆞ 徒 무리 도 ㅣ
傳 젼ᄒᆞᆯ 젼 眞 참 진 理 리치 리 ᄒᆞ야

立 설 립 敎 ᄀᆞᄅᆞ칠 교 會 모돌 회 호ᄃᆡ
在 잇술 지 各 각 각 地 ᄯᅡ 디 니라

至 니ᄅᆞᆯ지 新 새신 約 언약약ᄒᆞ야 其 그기 大 큰대 旨 뜻지는

記 긔록긔 耶 어조ᄉᆞ야 蘇 살아날소ㅣ 降 ᄂᆞ릴강 於 늘어 世 인간셰ᄒᆞ샤

在 잇술지 世 인간셰 間 ᄉᆞ이간ᄒᆞ샤 親 친ᄒᆞᆯ친 立 설립 表 밧표ᄒᆞ시고

行 ᄒᆡᆼᄒᆞᆯᄒᆡᆼ 奇 긔특긔 事 일ᄉᆞᄒᆞ시며 傳 젼ᄒᆞᆯ젼 眞 참진 道 길도ᄒᆞ시고

後 뒤후 釘 못뎡 死 죽을ᄉᆞ、 十 열십 字 글ᄌᆞᄌᆞ 架 틀가ᄒᆞ샤

三字經 百十八

三字經

為 ᄒᆞᆯ 위 聖 거륵 셩 民 ᄇᆡᆨ셩 민 ᄒᆞ야
守 직힐 슈 律 법 률 論 의론 론 이오

且 ᄯᅩ 챠 其 그 기 中 가온ᄃᆡ 즁 에
又 ᄯᅩ 우 記 긔록 긔 志 뜻 지 는

猶 ᄀᆞᆺᄒᆞᆯ 유 太 클 태 國 나라 국、
千 일쳔 쳔 年 ᄒᆡ 년 事 일 ᄉᆞ 오

此 이 ᄎᆞ 外 밧 외 有 잇ᄉᆞᆯ 유,
多 만ᄒᆞᆯ 다 聖 거륵 셩 詩 글 시 오

多 만ᄒᆞᆯ 다 預 미리 예 言 말ᄉᆞᆷ 언 이니
出 날 츌 先 몬져 션 知 알 지 니라

百十七

並 아오롤 병 始 비로소 시 祖 할아비 조 犯 범ᄒᆞᆯ 범 大 큰 대 罪 허물 죄 ᄒᆞ야

受 밧을 슈 帝 님금 뎨 罰 형벌 벌 과 累 더러울 루 後 뒤 후 輩 무리 배 와

載 시롤 지 洪 넓을 홍 水 물 슈 ᄒᆞ야 滅 멸ᄒᆞᆯ 멸 世 인간 셰 界 디경 계 와

救 구원 구 挪 잡을 나 亞 버금 아 ᄒᆞ야 緜 벗을 면 支 가지 지 派 갈닐 파 와

言 말ᄉᆞᆷ 언 帝 님금 뎨 選 ᄲᆡᆯ 션 、 猶 ᄀᆞᆺᄒᆞᆯ 유 太 클 태 人 사ᄅᆞᆷ 인 ᄒᆞ야

分 는올 분　兩 두 량　部 셰로ᄃᆡ 부　意 뜻 의　相 서로 샹　合 합ᄒᆞ니 홀 합

此 이 ᄎᆞ　舊 녜 구　約 언은 약 약　諸 모들 져　聖 거룩 셩　賢 어이 질 현

感 감동 감　於 늘 어　神 신ᄒᆞ야 령 신　寫 쓸 ᄉᆞ　書 글 셔　編 칙이니 편

書 글 셔　大 큰 대　旨 뜻는 지　記 긔록 긔　上 웃 샹　主 님의 금 쥬

造 지을 조　天 하늘 텬　地 싸와 디　及 밋칠 급　人 사ᄅᆞᆷ 인　物 만파 믈 물

各 각각 教 ᄀᆞᄅᆞ칠 교 書 글 셔 ᄂᆞᆫ 皆 다 ᄀᆡ 由 말미암을 유 人 사ᄅᆞᆷ 인 이니

用 쓸 용 意 뜻 의 想 ᄉᆡᆼ각 샹 ᄒᆞ야 作 지을 작 而 말니 이 成 일울 셩 이어니와

此 이 ᄎᆞ 聖 거륵 셩 書 글 셔 ᄂᆞᆫ 帝 님금 뎨 默 ᄌᆞᆷᄌᆞᆷ 묵 示 보일 시 、

猶 ᄀᆞᆺᄒᆞᆯ 유 太 클 태 人 사ᄅᆞᆷ 인 ᄒᆞ샤 傳 젼ᄒᆞᆯ 젼 於 늘 어 世 인간 셰 ᄒᆞ시니

一 ᄒᆞᆫ 일 新 새 신 約 언약 약 이오 一 ᄒᆞᆫ 일 舊 녜 구 約 언약 약 이라

十 열 십 四 넉 ᄉᆞ 聖 거륵 셩 敎 ᄀᆞᄅᆞ칠 교 經 글 경 典 법 뎐

人 사ᄅᆞᆷ 인 立 셜 립 敎 ᄀᆞᄅᆞ칠 교 도 俱 홈ᄭᅴ 구 有 잇ᄉᆞᆯ 유 經 글 경 ᄒᆞ니

耶 어조ᄉᆞ 야 蘇 살아날 소 敎 ᄀᆞᄅᆞ칠 교 ᄂᆞᆫ 書 글 셔 何 엇지 하 名 일홈 명 고

名 일홈 명 聖 거륵 셩 書 글 셔 라 由 말ᄆᆡ암을 유 上 웃 샹 帝 님금 뎨 ᄒᆞ니

與 더불 여 世 인간 셰 書 글 셔 로 大 큰 대 有 잇ᄉᆞᆯ 유 異 다를 이 로다

쥬ᄭᅴ셔 죽으신 후 삼 일 만에 다시 사셧도다 다시 사ᄂᆞᆫ 몸은 지금 몸과 분별이 잇ᄉᆞ니 아올나 의론ᄒᆞᆫ기가 어려오니라 지금 몸은 영광이 업고 이ᄂᆞᆫ 혈긔니 썩어 업서지기가 쉽거니와 다시 사ᄂᆞᆫ 몸은 영광이 잇고 이에 신령ᄒᆞ니 강ᄒᆞ야 썩지 아니ᄒᆞᄂᆞ니라 몸을 죵ᄌᆞ에 비컨대 ᄒᆞᆰ에 뭇어 반ᄃᆞ시 화ᄒᆞᆫ 후에 비로소 썩어 나ᄂᆞ니 그 나ᄂᆞᆫ 거ᄉᆞᆫ 새 형샹 이라 죵ᄌᆞ로 더브러 이에 두 가지 모양 이니 비록 새 형샹이 녯 몸과 다ᄅᆞ나 믄득 근본 죵ᄌᆞ에셔 난 거시니라 몸과 령혼이 두 번 서로 합ᄒᆞ야 임의 서로 합ᄒᆞᆫ 후에 믄득 발락이 나ᄂᆞ니 착ᄒᆞᆫ 이ᄂᆞᆫ 텬당에 올나 영ᄉᆡᆼᄒᆞᄂᆞᆫ 복을 누리고 악ᄒᆞᆫ 이ᄂᆞᆫ 고ᄉᆡᆼ을 밧다가 ᄆᆞᆺᄎᆞᆷ내 디옥에 ᄲᅡ지ᄂᆞ니라 쥬ᄭᅴ 만히 감샤 ᄒᆞ노니 날노 ᄒᆞ여곰 ᄇᆞᆰ게 ᄒᆞ야 이 ᄎᆞᆷ리치를 ᄆᆞ음에 잇게 홈이로다 ᄎᆞᆷ리치가 ᄇᆞᆰ으면 맛당이 감격ᄒᆞᆯ지니 열심으로 하ᄂᆞ님을 섬기라

熱(더울 열)心(ᄆᆞ음 심)腸(창ᄌᆞ 쟝)으로 事(셤길 ᄉᆞ)上(웃 샹)帝(님금 뎨)ᄒᆞ라

심판ᄒᆞᄂᆞᆫ 쥬ᄂᆞᆫ 염라대왕이 아니라 십 뎐을 버린거시 도모지 헛 일홈 이오 심판ᄒᆞ시ᄂᆞᆫ 쥬ᄂᆞᆫ 예수시니 텬하 사ᄅᆞᆷ을 ᄒᆞᆷᄭᅴ 반ᄃᆞ시 니르게 ᄒᆞ시고 만민의 ᄯᅳᆺ과 말과 ᄒᆡᆼ실을 안찰ᄒᆞ야 쥬ᄭᅴ셔 심판ᄒᆞ시ᄂᆞᆫ 거시 일뎡 ᄒᆞ심이 잇ᄂᆞ니라 ᄉᆞ 심판ᄒᆞᆯ ᄯᅢ에ᄂᆞᆫ 령혼이 음부로 도라가 쥬의 압헤셔 심편이 분명ᄒᆞᄂᆞ니 텬당에 오ᄅᆞᄂᆞᆫ거ᄉᆞᆫ 이 착ᄒᆞᆫ 사ᄅᆞᆷ 이오 디옥에 ᄯᅥ러지ᄂᆞᆫ 거ᄉᆞᆫ 다 악ᄒᆞᆫ 혼 이라 여ᄉᆺ 길이 업ᄂᆞᆫ거시오 륜회도 업ᄂᆞᆫ거시오 다만 두 곳시 령혼들 도라가ᄂᆞᆫ ᄃᆡ오 공심판ᄒᆞᄂᆞᆫ 날은 텬디 마지막에 텬하 사ᄅᆞᆷ들이 육신이 다시 사ᄂᆞ니 육신과 령혼이 서로 합ᄒᆞ야 쥬의 심판을 드러 션악을 분별ᄒᆞᄂᆞ니라 다시 사ᄂᆞᆫ 일을 셩경에 긔록ᄒᆞ엿시니 리치가 ᄀᆞ장 묘ᄒᆞᆫ지라 너희ᄂᆞᆫ 맛당이 ᄇᆞᆰ히 알지어다 다시 사ᄂᆞᆫ 일은 빙거가 참되니

三字經

善 착ᄒᆞᆯ 션 升 오를 승 天 하ᄂᆞᆯ 텬 ᄒᆞ야
享 누릴 향 永 길 영 生 날 ᄉᆡᆼ ᄒᆞ고

惡 모질 악 受 밧을 슈 苦 괴로올 고 라가
終 ᄆᆞᆺᄎᆞᆷ 죵 沉 ᄌᆞᆷ길 침 淪 ᄲᆡ질 륜 이니 라

多 만흘 다 謝 샤례 샤 主 님금 쥬 ᄒᆞ노 니
使 ᄒᆞ여곰 ᄉᆞ 我 나 아 明 ᄇᆞᆰ을 명 ᄒᆞ야

此 이 ᄎᆞ 眞 ᄎᆞᆷ 진 理 리치 리 ᄅᆞᆯ
存 잇ᄉᆞᆯ 존 於 늘 어 心 ᄆᆞᄋᆞᆷ 심 이로 다

眞 ᄎᆞᆷ 진 理 리치 리 明 ᄇᆞᆰ을 명 이면
該 맛당 ᄒᆡ 感 감동 감 激 격동 격 이니

百十

與 더불여 種 종ᄌᆞ종 子 아ᄃᆞᆯᄌᆞ 로、乃 이에내 兩 두량 樣 모양양 이니

雖 비록슈 新 새신 形 형상형 이 異 다를이 舊 녜구 體 몸톄 나

卻 믄득각 是 이시 出 날츌、原 근본원 種 종ᄌᆞ종 裏 속리 니라

身 몸신 與 더불여 魂 혼혼 이 再 두지 相 서로샹 合 합ᄒᆞᆯ합 ᄒᆞ야

旣 임의긔 合 합ᄒᆞᆯ합 後 뒤후 에 奄 믄득변 發 필발 落 ᄯᅥ러질락 이니

復 다시 부 活 살 활 體 몸은 톄
榮 영화 영 光 빗 광 有 잇술 유 요

乃 이에 내 神 신령 신 靈 신이니 령령
強 강홀 강 不 아니 불 朽 석을 후 라

身 몸 신 譬 비유 비 種 종컨대 즈 종
埋 뭇을 믜 於 늘 어 土 흙호야 토

必 반드 필 化 화홀 화 後 뒤에 후
始 비로솔 시 發 필 발 出 날이니 출

其 그 기 發 필 발 生 날은 싱
新 새 신 形 얼골 형 狀 형이라 상 샹

三字經 百八

主 님금쥬 死 죽을ᄉ 後 뒤에후 三 석삼 日 날일 生 날싱 이로다

復 다시부 活 살활 體 몸례 는 與 더블여 今 이제금 身 몸신 으로

有 잇술유 分 논홀분 別 다롤별 ᄒᆞ니 難 어려올난 並 아오롤병 論 의론론 이라

今 이제금 身 몸신 體 몸례 는 無 업술무 榮 영화영 光 빗광 이오

是 이시 血 피혈 氣 긔운긔 니 易 쉬올이 朽 썩을후 亡 망홀망 이어니와

身 몸 신
與 더블 여
魂 혼 혼 이
各 각 각
相 서로 샹
合 모돌 합 ᄒᆞ야

聽 드를 텽
主 님금 쥬
審 술필 심 、
別 분별 별
善 착ᄒᆞᆯ 션
惡 모질 악 이니라

復 다시 부
活 살 활
事 일 ᄉᆞ 를
載 실을 지
聖 거룩 셩
經 글 경 ᄒᆞ니

理 리치 리
最 ᄀᆞ장 최
妙 묘ᄒᆞᆯ 묘 라
爾 너 이
宜 맛당 의
明 ᄇᆞᆰ을 명 이어다

復 다시 부
活 살 활
事 일 ᄉᆞ 는
憑 빙거 빙
據 빙거 거
眞 참 진 이니

三字經 百六

落 셔러질 락 地 싸 디 獄 옥 옥은
皆 다 기 惡 모질 악 魂 혼 혼이라

無 업슬 무 六 여슷 륙 道 길 도 ᄒᆞ고
無 업슬 무 輪 박회 륜 廻 돌 회 ᄒᆞ고

止 긋칠 지 兩 두 량 處 곳 쳐ㅣ
魂 혼 혼 耶 바 소 歸 도라갈 귀오

公 공번될 공 審 술필 심 日 날은 일
天 하늘 텬 地 싸 디 末 긋에 말

天 하늘 텬 下 아래 하 人 사롬이 인
身 몸 신 再 두 지 活 살이니 활

按 안찰 안 萬 일만 만 民 ᄇᆡᆨ셩 민 의

意 뜻 의 言 말ᄉᆞᆷ 언 行 ᄒᆡᆼ실 ᄒᆡᆼ ᄒᆞ야

主 님금 쥬 審 ᄉᆞᆯ필 심 判 판단 판 이

有 잇ᄉᆞᆯ 유 一 ᄒᆞᆫ 일 定 뎡ᄒᆞᆯ 뎡 이니라

私 ᄉᆞᄉᆞ ᄉᆞ 審 ᄉᆞᆯ필 심 時 ᄯᅢ 시 는

魂 혼 혼 歸 도라갈 귀 陰 그늘 음 ᄒᆞ야

主 님금 쥬 臺 집 ᄃᆡ 前 압 젼 에

審 ᄉᆞᆯ필 심 分 ᄂᆞᆫ홀 분 明 ᄇᆞᆰ을 명 이니

升 오를 승 天 하ᄂᆞᆯ 텬 堂 집 당 은

是 이 시 善 착ᄒᆞᆯ 션 人 사ᄅᆞᆷ 인 이오

三字經

百四

十 열 십
三 석 삼
審 삷힐 심
判 판단 판
善 착ᄒᆞᆯ 선
惡 모질 악

審 솔필 심
判 판단 판
主 님금 쥬 는
非 아니 비
閻 마을 염
君 인군 군 이라

列 벌 렬
十 열 십
殿 집 뎐 이
都 도모지 도
虛 빌 허
名 일흠 명 이오

審 살필 심
判 판단 판
主 님금 쥬 는
耶 어조ᄉᆞ 야
穌 살아날 소
是 이 시 니

天 하늘 텬
下 아래 하
人 사ᄅᆞᆷ 인 을
俱 ᄒᆞᆷ긔 구
必 반ᄃᆞ 필
至 니를 지 ᄒᆞ시고

의지ᄒᆞ고 하ᄂᆞ님을 공경ᄒᆞ야 반ᄃᆞ시 도고ᄒᆞᆯ지니라
만일 그러치 아니 ᄒᆞ면 교에 나아온거시 헛거시니라

드러내여 말ᄉᆞᆷ을 아니 ᄒᆞ고 ᄆᆞᄋᆞᆷ으로 ᄀᆞ만이 빌어
ᄆᆞᄋᆞᆷ 속으로 만 구ᄒᆞᄂᆞᆫ거시 ᄀᆞ장 됴흔거시오 은밀
ᄒᆞ게 도고ᄒᆞᄂᆞᆫ거ᄉᆞᆫ 골방 속에셔 홀노 ᄉᆞᄉᆞ로 구ᄒᆞᄃᆡ
ᄆᆞᄋᆞᆷ을 졍일ᄒᆞ게 ᄒᆞᄂᆞᆫ거시오 ᄉᆞᄉᆞ로이 도고ᄒᆞᄂᆞᆫ거ᄉᆞᆫ
집안 사ᄅᆞᆷ을 거ᄂᆞ리ᄃᆡ 남녀와 로유들이 ᄆᆡ양 일으나
느즈나 ᄒᆞᆫ가지로 빌지니 이ᄂᆞᆫ 거룩ᄒᆞᆫ 무리의 덧덧ᄒᆞᆫ
법 이라 셩경에 혹 ᄒᆞᆫ 쟝과 혹 두어 귀절을 볼지니
싸ᄅᆞᆫ거ᄉᆞᆫ 방해롭지 아니 ᄒᆞ니라 ᄒᆞᆫ가지로 찬미ᄒᆞ고
ᄒᆞᆫ가지 빌어 구ᄒᆞᄃᆡ 일족이 힝ᄒᆞ지 못 ᄒᆞ면 늣게ᄂᆞᆫ
반ᄃᆞ시 잇ᄉᆞᆯ거시오 공번되이 도고ᄒᆞᄂᆞᆫ거ᄉᆞᆫ 교우들이
모혀 ᄆᆞᄋᆞᆷ과 ᄠᅳᆺᄉᆞᆯ ᄒᆞᆫ가지로 ᄒᆞ야 하ᄂᆞ님ᄭᅴ 졀ᄒᆞᄂᆞᆫ
거시니 례ᄇᆡ일에 회당에 모도히고 만일 회당이
업거든 다ᄅᆞᆫ ᄃᆡ라도 임의로 ᄒᆞ라 먹고 쓰ᄂᆞᆫ 물건이
어ᄃᆡ로 좃차 ᄂᆞ려ᄂᆞᆫ고 다 하ᄂᆞ님의 은혜로 샹ᄉᆞ
ᄒᆞ신거시니 쓸ᄃᆡ잇ᄂᆞᆫ 물건을 맛당이 은혜로 알지
니라 ᄒᆞᆼ샹 도고ᄒᆞ기를 모ᄅᆞᆷ즉이 졍셩으로 홀지니 뉘
일홈을 의지ᄒᆞ야 와셔 도고ᄒᆞᄂᆞᆫ고 예수 큰 즁보를

므롯 도고홈이 네 가지 뜻시 잇ᄉᆞ니 첫재ᄂᆞᆫ 아바지
하ᄂᆞ님을 찬미ᄒᆞ고 둘재ᄂᆞᆫ 하ᄂᆞ님의 은혜를 감샤ᄒᆞ며
셋재ᄂᆞᆫ ᄌᆞ긔의 죄를 ᄌᆞ복ᄒᆞᄂᆞᆫ거시오 용셔ᄒᆞ신거ᄉᆞᆯ
구ᄒᆞᄂᆞᆫ거시 넷재니라 므롯 도고ᄒᆞ기를 모롬죽이
셩실이 ᄒᆞᆯ지니 엇던 일을 구ᄒᆞᄂᆞᆫ고 죄를 샤ᄒᆞ야
주심을 구ᄒᆞ며 도아주시고 보호ᄒᆞ여 주심을 구ᄒᆞ며
구원ᄒᆞ야 주심을 구ᄒᆞ며 ᄌᆞ긔를 위ᄒᆞ며 집안을
위ᄒᆞ며 제나라흘 위ᄒᆞ며 교회를 위ᄒᆞ야 범ᄇᆡᆨᄉᆞ를
구ᄒᆞᄂᆞᆫ거시 다 가ᄒᆞ니 아바지 하ᄂᆞ님셰셔 즐겨
나ㅣ 비ᄂᆞᆫ거ᄉᆞᆯ 드ᄅᆞᄂᆞ니라 므롯 도고ᄒᆞᄂᆞᆫ 거시 네
가지 모양이 잇ᄉᆞ니 도고ᄒᆞᄂᆞᆫ 쟈ᄂᆞᆫ 청컨대 ᄌᆞ셰히
ᄉᆡᆼ각ᄒᆞ라 ᄆᆞᄋᆞᆷ으로 도고ᄒᆞᄂᆞᆫ거시 첫재오 은밀ᄒᆞ게
도고ᄒᆞᄂᆞᆫ거시 둘재오 ᄉᆞᄉᆞ로이 도고ᄒᆞᄂᆞᆫ거시 셋재오
공번되이 도고ᄒᆞᄂᆞᆫ거시 넷재니라 두 번 말ᄒᆞ야
ᄇᆞᆰ히ᄂᆞ니 ᄆᆞᄋᆞᆷ으로 도고ᄒᆞᄂᆞᆫ 뜻슨 도모지 어ᄂᆞ
디방에 잇던지 불구ᄒᆞ고 우연이 ᄆᆞᄋᆞᆷ에 ᄉᆡᆼ각이
잇거든 믄득 ᄉᆞᆯ지 아니 ᄒᆞ면 말ᄒᆞ기가 어려오니

常 ᄯᅥᆺᄯᅥᆺ 샹 禱 빌 도 告 고ᄒᆞᆯ 고 ᄅᆞᆯ 要 모롬즉이 요 虔 졍셩 건 誠 졍셩 셩 이니

靠 의지ᄒᆞᆯ 고 誰 누구 슈 名 일홈 명 ᄒᆞ야 來 올 릭 禱 빌 도 告 고ᄒᆞᆯ 고 오

靠 의지ᄒᆞᆯ 고 耶 어조ᄉᆞ 야 穌 살아날 소 、 大 큰 대 中 가온ᄃᆡ 즁 保 보젼 보 ᄒᆞ고

敬 공경 경 上 웃 샹 帝 님금 뎨 ᄒᆞ야 必 반ᄃᆞ 필 禱 빌 도 告 고ᄒᆞᆯ 고 ᄒᆞ라

若 만일 약 不 아니 불 然 그럴 연 이면 虛 뷜 허 進 나아갈 진 教 ᄀᆞᄅᆞ칠 교 니라

禮 례 도 례 拜 절 비 日 날에 일 聚 모 돌 취 會 모 돌 회 堂 집이오 당

倘 만 일 당 無 업 술 무 有 잇어든 술 유 任 맛 길 임 別 다 롤 별 方 모ᄒᆞ라 방

需 먹 을 슈 用 쓸 용 物 만이 물 물 從 좃 칠 죵 何 엇 지 하 至 니오 롤 지

皆 다 기 帝 님 금 뎨 恩 은으로 혜 은 所 바 소 賞 샹 줄 샹 賜 줄니 ᄉᆞ

有 잇 술 유 用 쓸 용 物 만을 물 물 該 맛 당 히 知 알 지 恩 은이니 혜라 은

或 혹 혹 數 두어 수 節 마디 절 이니 短 짜를 단 不 아니 불 妨 방해로올 방 이니라

同 ᄒᆞᆫ가지 동 讚 기릴 찬 美 아름다올 미 ᄒᆞ고 同 ᄒᆞᆫ가지 동 祈 빌 긔 求 구ᄒᆞᆯ 구 ᄒᆞ듸

早 일을 조 不 아니 불 行 ᄃᆞᆫ닐 힝 이면 晩 느즐 만 必 반ᄃᆞ 필 有 잇ᄉᆞᆯ 유 오

公 공번될 공 禱 빌 도 告 고ᄒᆞᆯ 고 는 教 ᄀᆞᄅᆞ칠 교 友 벗 우 集 모돌 집 ᄒᆞ야

同 ᄒᆞᆫ가지 동 心 ᄆᆞᄋᆞᆷ 심 志 뜻 지 ᄒᆞ야 拜 절 ᄇᆡ 上 웃 샹 帝 님금 뎨 니

私 ᄉᆞᄉᆞᄉᆞ 禱 빌도 告 고ᄒᆞᆯ고 고ᄂᆞᆫ 領 거ᄂᆞ릴령 家 집가 人 사ᄅᆞᆷ인 ᄒᆞᄃᆡ

男 사나희남 與 더블여 女 계집녀 와 老 늙을로 幼 어릴유 等 무리등 이

每 미양미 早 일을조 晩 느즐만 에 同 ᄒᆞᆫ가지동 禱 빌도 籲 부르지질유 니

是 이시 聖 거룩셩 徒 무리도 의 常 ᄯᅥᆺᄯᅥᆺ상 規 법규 矩 법구 라

看 볼간 聖 거룩셩 書 글셔 、 或 혹혹 一 ᄒᆞᆫ일 章 글장장 ᄒᆞ며

三字經 九十六

不 아니 불 便 믄득 편 跪 ᄭᅮ러안질 궤 면

難 어려울 난 言 말ᄉᆞᆷ 언 之 갈 지 니

非 아니 비 明 ᄇᆞᆰ을 명 說 말ᄉᆞᆷ 셜 이오

心 ᄆᆞ음 심 暗 어두울 암 禱 빌 도 ᄒᆞ야

心 ᄆᆞ음 심 內 안 ᄂᆡ 求 구ᄒᆞᆯ 구 ㅣ

爲 ᄒᆞᆯ 위 最 ᄀᆞ장 최 好 됴ᄒᆞᆯ 호 오

隱 숨을 은 禱 빌 도 告 고ᄒᆞᆯ 고 ᄂᆞᆫ

密 ᄲᆡᆨᄲᆡᆨᄒᆞᆯ 밀 室 집 실 裏 속 리 에

獨 홀노 독 自 스스리 ᄌᆞ 求 구ᄒᆞᆯ 구 ᄒᆞ되

心 ᄆᆞ음 심 靜 고요 정 一 ᄒᆞᆫ 일 이오

心(ᄆᆞ음 심) 禱(빌 도) 一(ᄒᆞᆫ 일이오) 隱(숨을 은) 禱(빌 도) 次(버금 ᄎᆞ오)

私(ᄉᆞᄉᆞ ᄉᆞ) 禱(빌 도) 三(석 삼이오) 公(공번될 공) 禱(빌 도) 四(넉 ᄉᆞ니라)

再(두 ᄌᆡ) 言(말ᄉᆞᆷ 언) 明(ᄇᆞᆰ을 명ᄒᆞᄂᆞ니、) 心(ᄆᆞ음 심) 禱(빌 도) 義(올흘 의ᄂᆞᆫ)

總(도모지 총) 不(아니 불) 拘(거리길 구、) 在(잇슬 ᄌᆡ) 何(엇지 하) 地(ᄯᅡ 디ᄒᆞ고)

偶(우연 우) 然(그럴 연) 間(ᄉᆞ이 간에) 有(잇슬 유) 心(ᄆᆞ음 심) 思(ᄉᆡᆼ각 ᄉᆞ어든)

爲 ᄒᆞᆯ 위 本 밋 본 國 나라 국ᄒᆞ며 爲 ᄒᆞᆯ 위 教 ᄀᆞᄅᆞ칠 교 會 모ᄃᆞᆯ 회ᄒᆞ야

凡 므롯 범 百 일ᄇᆡᆨ ᄇᆡᆨ 事 일 ᄉᆞ를 求 구ᄒᆞᆯ 구 皆 다 ᄀᆡ 可 올ᄒᆞᆯ 가니

父 아비 부 上 웃 샹 帝 님금 뎨ㅣ 肯 즐길 긍 聽 드를 텽 我 나 아 시니라

凡 므롯 범 禱 빌 도 告 고ᄒᆞᆯ 고ㅣ 有 잇슬 유 四 넉 ᄉᆞ 樣 모양 양ᄒᆞ니

禱 빌 도 告 고ᄒᆞᆯ 고 者 놈 쟈는 請 청ᄒᆞᆯ 청 細 ᄌᆞ셰 셰 想 ᄉᆡᆼ각 샹ᄒᆞ라

求 구ᄒᆞᆯ 구 應 응ᄒᆞᆯ 응 許 허락 허ㅣ 乃 이에 내 第 ᄎᆞ례 뎨 四 넉 ᄉᆞ니라

凡 므릇 범 禱 빌 도 告 고ᄒᆞᆯ 고를 要 요긴 요 誠 졍셩 셩 實 진실 실이니

求 구ᄒᆞᆯ 구 何 엇지 하 事 일 ᄉᆞ오 求 구ᄒᆞᆯ 구 赦 샤ᄒᆞᆯ 샤 宥 용셔ᄒᆞᆯ 유ᄒᆞ며

求 구ᄒᆞᆯ 구 佑 도을 우 護 호위 호ᄒᆞ며 求 구ᄒᆞᆯ 구 援 구원 원 救 구원 구ᄒᆞ며

爲 ᄒᆞᆯ 위 己 몸 긔 身 몸 신ᄒᆞ며 爲 ᄒᆞᆯ 위 家 집 가 內 안 ᄂᆡᄒᆞ며

十 열십 二 두이 詳 ᄌᆞ셰샹 論 의론론 禱 빌도 告 고홀고

凡 므릇범 禱 빌도 告 고홀고ㅣ 有 잇술유 四 넉ᄉᆞ 意 뜻의ᄒᆞ니

首 머리슈 讚 기릴찬 美 아름다올미、 父 아비부 上 웃샹 帝 님금뎨ᄒᆞ고

次 버금ᄎᆞ 感 감동감 謝 샤례샤、 帝 님금뎨 恩 은혜은 惠 은혜혜ᄒᆞ며

第 ᄎᆞ례뎨 三 석삼 件 가지건은 認 알인 己 몸긔 罪 허물죄오

업고 츈츄로 졔ᄉᆞᄒᆞᆷ과 지젼을 살오ᄂᆞᆫ거슨 지가 되여
놀니ᄂᆞ니 다 ᄒᆞᆫ갓 슈고 ᄲᅮᆫ 이니라 혼이 만일 먹을터
히면 일 년에 ᄒᆞᆫ 번 졔ᄉᆞ가 먹기에 부족ᄒᆞᆯ거시니
반ᄃᆞ시 얼고 주릴거시오 만일 돈을 요구ᄒᆞᆯ터히면
조회를 무어시 쓸고 살와 지가 되니 희롱에 갓갑도다
사ᄅᆞᆷ이 죽은 후에ᄂᆞᆫ 믄득 음부로 도라가 먹고 쓰ᄂᆞᆫ
ᄉᆞ졍이 업ᄂᆞ니 어버이 죽기에 니ᄅᆞ러 졔ᄉᆞᄒᆞᄂᆞᆫ거시
임의 더듸니라 효도로 공양을 다ᄒᆞᆷ은 살아실 ᄯᅢ에
잇ᄉᆞ니 어버이 임의 죽거든 힘을 모름죽이 다ᄒᆞ야
본분을 안찰ᄒᆞ야 두터이 션영에 장ᄉᆞᄒᆞ고 분묘를
ᄒᆞᆼ샹 슈리ᄒᆞ며 유훈을 어긔지 말고 어버이 은혜를
긔억ᄒᆞᄂᆞᆫ거시 셩교에 규모니라

按 안찰안 本 밋본 分 ᄂᆞᆫ홀분 ᄒᆞ야 厚 두터올후 葬 장ᄉᆞ장 塋 무덤영 ᄒᆞ고

墳 무덤분 常 홍샹샹 修 닥글슈 ᄒᆞ며 訓 마ᄅᆞ칠훈 勿 말물 違 어길위 ᄒᆞ라

記 긔록긔 親 어버이친 恩 은혜은 이 聖 거륵셩 教 마ᄅᆞ칠교 規 법규 니라

하ᄂᆞ님ᄭᅴ셔 사ᄅᆞᆷ 믄드심을 ᄯᅳᆺ에 맛당이 알거시니 모ᄅᆞᆷ즉이 셰샹 사ᄅᆞᆷ이 실샹 일 만 힝홀지니라 실샹 일은 무어시뇨 하ᄂᆞ님을 공경ᄒᆞ며 뭇 사ᄅᆞᆷ ᄉᆞ랑ᄒᆞ기ᄅᆞᆯ 재 몸 ᄉᆞ랑ᄒᆞᆫ듯ᄒᆞ며 오샹을 직희고 오륜을 다홀지니 텬하 사ᄅᆞᆷ의 큰 본분 이니라 조샹을 공양ᄒᆞ며 무덤에 졔ᄉᆞ홈은 이 크게 그릇홈이니 좀 쓸ᄃᆡ

人 사룸 인 死 죽을 ᄉᆞ 後 뒤에는 후 便 문득 변 歸 도라갈 귀 陰 그늘 음 ᄒᆞ야

無 업술 무 食 밥 식 用 쓸 용 、 等 무리 등 事 일 ᄉᆞ 情 뜻 졍 이니

到 니를 도 親 어버이 친 死 죽을 ᄉᆞ ᄒᆞ야 祭 졔ᄉᆞ 졔 已 임의 이 遲 더딜 지 니라

盡 다홀 진 孝 효도 효 養 칠 양 은 在 잇술 ᄌᆡ 生 날 ᄉᆡᆼ 時 ᄯᆡ 시 ᄒᆞ니

親 어버이 친 已 임의 이 死 죽을 ᄉᆞ 어든 力 힘 력 要 요긴 요 盡 다홀 진 ᄒᆞ야

三字經

飛 놀 비
作 지을 작
灰 지니 회
盡 다ᄒᆞᆯ 진
徒 ᄒᆞᆫ갓 도
勞 슈고니라 로

魂 혼 혼
若 만일 약
吃 먹을이면 흘
年 ᄒᆡ 년
一 ᄒᆞᆫ 일
祭 제ᄉᆞ가 제

食 밥 식
不 아니 불
足 족ᄒᆞᆯ이니 족
必 반ᄃᆞ 필
凍 얼 동
飢 주릴오 긔

若 만일 약
要 요긴 요
錢 돈이면 전
紙 조희 지
何 엇지 하
用 쓸고 용

焚 살올 분
成 일울 셩
灰 지ᄒᆞ니 회
近 갓가올 근
戲 희롱 희
弄 희롱이로다 롱

八十七

守 직힐 슈
五 다ᄉᆞᆺ 오
常 썻썻 샹ᄒᆞ며
盡 다ᄒᆞᆯ 진
五 다ᄉᆞᆺ 오
倫 인륜 륜이니

天 하ᄂᆞᆯ 텬
下 아래 하
人 사ᄅᆞᆷ 인의
大 큰 대
本 밋 본
分 ᄂᆞᆫᄒᆞᆯ 분이니라

供 공양ᄒᆞᆯ 공
祖 할아비 조
先 몬져 션ᄒᆞ며
祭 졔ᄉᆞ 졔
墳 무덤 분
塚 무덤 춍은

是 이 시
大 큰 대
錯 그릇 착이니
眞 참 진
無 업ᄉᆞᆯ 무
用 쓸 용이오

春 봄 츈
秋 가을 츄
祀 졔ᄉᆞ ᄉᆞ와
紙 조희 지
錢 돈 젼
燒 살올 쇼ᄂᆞᆫ

三字經

十(열 십)一(ᄒᆞᆫ 일)

去(ᄇᆞ릴 거)假(거즛 가)歸(도라갈 귀)眞(ᄎᆞᆷ 진)

帝(님금 뎨)造(지을 조)人(사ᄅᆞᆷ 인)을 意(ᄠᅳᆺ 의)當(맛당 당)知(알 지)니

要(요긴 요)世(인간 셰)人(사ᄅᆞᆷ 인)이 行(ᄒᆡᆼᄒᆞᆯ ᄒᆡᆼ)實(실상 실)事(일 ᄉᆞ)니라

實(실상 실)事(일 ᄉᆞ)何(엇지 하)오 敬(공경 경)上(웃 샹)帝(님금 뎨)ᄒᆞ며

愛(ᄉᆞ랑 ᄋᆡ)衆(무리 즁)人(사ᄅᆞᆷ 인)을 如(ᄀᆞᆺ흘 여)愛(ᄉᆞ랑 ᄋᆡ)己(몸 긔)ᄒᆞ며

ᄉᆞ패를 버리ᄂᆞᆫ것과 사ᄅᆞᆷ의 샹보기와 ᄉᆞ쥬보ᄂᆞᆫ거시니
이러ᄒᆞᆫ 류ᄂᆞᆫ 다 헛되니 우리 셩교에셔ᄂᆞᆫ 반ᄃᆞ시
엄ᄒᆞ게 막을거시니라

ᄇᆞ리신거ᄉᆞᆯ 나타내여 ᄇᆞᆰ힘이라 몬져 ᄯᅥᆨ을 먹고
후에 포도즙을 마시ᄂᆞᆫ거ᄉᆞᆫ 쥬의 피가 우리를 위ᄒᆞ야
ᄒᆞᆯ니신거ᄉᆞᆯ 긔억케 ᄒᆞ심이니 교에 드러오ᄂᆞᆫ 쟈가
모롬ᄌᆞᆨ이 직분으로 직힐거시니라 신약과 구약을
부ᄌᆞ런이 강론ᄒᆞ고 ᄒᆞᆼ샹 도고ᄒᆞ고 례ᄇᆡ날을 직힐지니
이 세 가지를 직희ᄃᆡ 게으ᄅᆞ게 말나 예수의 무리ᄂᆞᆫ
엇더ᄒᆞᆫ ᄉᆞᄅᆞᆷ 인고 날마다 오륜을 직희고 오륜 외에
하ᄂᆞᆯ 아바지를 공경ᄒᆞ며 제 죄를 뉘웃교 예수를
밋어 모든 착ᄒᆞᆫ 덕을 직혀 옴기지 말고 모든
간샤ᄒᆞ고 악ᄒᆞᆫ 거ᄉᆞᆯ 버셔 ᄇᆞ리기를 요구ᄒᆞ며 계집
오입과 노름ᄒᆞ기와 아편연 먹ᄂᆞᆫ거ᄉᆞᆯ 반ᄃᆞ시 멀니
ᄒᆞᆫ 가헤 던지라 쥬를 밋ᄂᆞᆫ 쟈가 금ᄒᆞᆯ 바가 잇ᄉᆞ니
므롯 헛된 일을 일졀 힝ᄒᆞ지 말며 조샹의게 제ᄉᆞ
지내ᄂᆞᆫ것과 죽은 신톄의게 절ᄒᆞᄂᆞᆫ것과 령위에 공양
ᄒᆞᄂᆞᆫ것과 지젼 살오ᄂᆞᆫ것과 ᄐᆡᆨ일ᄒᆞᄂᆞᆫ것과 부작 쓰ᄂᆞᆫ
것과 졈치ᄂᆞᆫ것과 디슐ᄒᆞᄂᆞᆫ것과 파ᄌᆞ쳠ᄒᆞᄂᆞᆫ것과

我 나 아 聖 거륵 셩 敎 ᄀᆞᄅᆞ칠 교에 必 반ᄃᆞ 필 嚴 엄ᄒᆞᆯ 엄 拒 막을 거니라

하ᄂᆞ님의 도를 무ᄉᆞᆷ 일홈으로 닐ᄏᆞᆺᄂᆞ뇨 영원이
오래도록 일홈을 복음 이라 ᄒᆞᄂᆞ니라 하ᄂᆞ님의
도를 모름즉이 사ᄅᆞᆷ이 알거시니 더 클 수 업는
은혜는 쥬ᄭᅴ셔 셰샹에 강싱ᄒᆞᆷ이로다 쥬의 도를
밋으면 일만 복이 오리니 이러ᄒᆞᆷ을 인ᄒᆞᆫ고로 복음
이라 닐ᄏᆞᆺ고 거륵ᄒᆞᆫ 교회는 쥬ᄭᅴ셔 세우신바ㅣ니
하늘 도를 보젼ᄒᆞ야 ᄡᅥ ᄭᅳᆺ ᄭᆞ지 젼ᄒᆞ게 ᄒᆞ심이오
교즁에 례졀은 두 가지가 잇ᄉᆞ니 ᄒᆞ나흔 령셰ᄒᆞ는
거시오 ᄒᆞ나흔 셩찬 먹는거시라 령셰ᄒᆞ는 ᄯᅳᆺ슨
사ᄅᆞᆷ의 죄를 ᄀᆞᄅᆞ침이니 셩신을 의지ᄒᆞ야 더러온
거ᄉᆞᆯ 업시ᄒᆞ는거시오 ᄯᅩ 령셰ᄒᆞ는 ᄯᅳᆺ슨 ᄯᅩᄒᆞᆫ 예수의
문인 된거ᄉᆞᆯ 나타내여 ᄇᆞᆰ히는거시오 셩찬 먹는
례는 쥬ᄭᅴ셔 베프러 뎡ᄒᆞ신거시니 이에 ᄃᆡ신 목숨

擇 ᄀᆞᆯ힐 ᄐᆡᆨ 吉 길ᄒᆞᆯ 길 日 날과 일
畫 그을 획 符 부작 부 張 베플과 쟝

扶 붓들 부 鸞 새 란 乩 점칠와 계
請 청ᄒᆞᆯ 청 陰 그늘 음 陽 볏과 양

又 ᄯᅩ 우 測 혜아릴 측 字 글ᄌᆞ와 ᄌᆞ
並 아올을 병 起 닐 긔 課 공부와 과

與 더블어 여 相 셔로 샹 面 낫과 면
及 밋칠 급 命 목숨 명 學 ᄇᆡᄒᆞᆯ이니 학

此 이 ᄎᆞ 一 ᄒᆞᆫ 일 類 종류ᄂᆞᆫ 류
盡 다ᄒᆞᆯ 진 空 빌 공 虛 빌ᄒᆞ니 허

必 반ᄃ 필 遠 멀 원 開 열、 기 各 각 각 一 ᄒᆞᆫ 일 邊 가 변 ᄒᆞ라

信 밋을 신 主 님금 쥬 者 놈 쟈 ㅣ 有 잇ᄉᆞᆯ 유 所 바 소 禁 금ᄒᆞᆯ 금 ᄒᆞ니

凡 므롯 범 虛 빌 허 事 일 ᄉᆞ 를 切 근졀 졀 莫 말 막 行 힝ᄒᆞᆯ 힝 ᄒᆞ쇼

祭 졔ᄉᆞ 졔 祖 할아비 조 先 몬져 션 파 拜 절 ᄇᆡ 死 죽을 ᄉᆞ 尸 죽엄 시 와

供 공양ᄒᆞᆯ 공 靈 신령 령 位 자리 위 와 燒 살올 쇼 錢 돈 젼 紙 조희 지 파

五 다ᄉᆞᆺ 오 倫 인륜 륜 外 밧에 외
敬 공경 경 天 하ᄂᆞᆯ 텬 父 아비 부 ᄒᆞ며

悔 뉘우칠 회 己 몸 긔 罪 허물 죄 ᄒᆞ고
信 밋을 신 耶 어조ᄉᆞ 야 穌 살아날 소 ᄒᆞ샤

衆 무리 즁 善 착ᄒᆞᆯ 션 德 큰 덕 을
守 직힐 슈 勿 말 물 移 옮길 이 ᄒᆞ고

諸 모들 졔 邪 간사 샤 惡 모질 악 을
要 요긴 요 脫 버슬 탈 離 ᄯᅥ날 리 ᄒᆞ며

嫖 음란ᄒᆞᆯ 표 與 더블 여 賭 닉기 도 와
鴉 가마귀 아 片 조각 편 烟 연긔 연 을

新 새 신 舊 녜 구 約 언약 약 을 勸 부ᄌ런홀 근 講 강홀 강 論 의론 론 ᄒᆞ고

常 ᄒᆞᆼ상 상 禱 빌 도 告 고홀 고 ᄒᆞ고 守 직흴 슈 禮 례도 례 拜 절 비 니

此 이 ᄎᆞ 三 석 삼 條 가지 됴 를 守 직흴 슈 勿 말 물 懈 게으를 ᄒᆡ ᄒᆞ라

耶 어조ᄉᆞ 야 穌 살아날 소 徒 무리 도 는 何 엇지 하 如 ᄀᆞᆺ홀 여 人 사름 인 고

乃 이에 내 日 날 일 日 날 일 에 守 직흴 슈 五 다ᄉᆞᆺ 오 倫 인륜 륜 이오

聖 거룩 셩 餐 먹을 찬 禮 례도 례 는 主 님금 쥬 設 베플 셜 定 뎡ᄒᆞᆯ 뎡 이시니

乃 이에 내 表 밧 표 明 밝을 명 、 代 ᄃᆡ신 ᄃᆡ 捐 ᄇᆞ릴 연 命 목숨 명 이라

先 몬져 션 食 밥 식 餠 ᄯᅥᆨ 병 ᄒᆞ고 後 뒤 후 飮 마실 음 汁 즙낼 즙 은

記 긔록 긔 主 님금 쥬 血 피 혈 이 爲 ᄒᆞᆯ 위 我 나 아 流 ᄒᆞ를 류 니

八 들 입 敎 ᄀᆞ르칠 교 者 놈 쟈 ㅣ 要 요긴 요 守 직힐 슈 分 ᄂᆞᆫ홀 분 이니라

一 ᄒᆞᆫ 일 領 거ᄂᆞ릴 령 洗 씨슬 셰 오 一 ᄒᆞᆫ 일 聖 거륵 셩 餐 먹을 찬 이라

領 거ᄂᆞ릴 령 洗 씨슬 셰 意 뜻 의 는 指 ᄀᆞᄅᆞ칠 지 人 사ᄅᆞᆷ 인 罪 허물 죄 니

靠 의지ᄒᆞᆯ 고 聖 거륵 셩 神 신령 신 ᄒᆞ야 除 덜 져 汚 더러올 오 穢 더러올 예 오

且 또 챠 領 거ᄂᆞ릴 령 洗 씨슬 셰 는 亦 또 역 表 밧 표 明 ᄇᆞᆰ을 명 、

與 더블 여 耶 어조ᄉᆞ 야 穌 살아날 소 의 做 지을 주 門 문 문 人 사ᄅᆞᆷ 인 이오

信 밋을 신　主 님금 쥬　道 길 도 면　萬 일만 만　福 복 복　臨 림홀 림 이니

因 인홀 인　此 이 ᄎᆞ　故 연고 고 로　稱 날ᄏᆞ롤 칭　福 복 복　音 소릐 음 이오

聖 거록 셩　教 ᄀᆞ르칠 교　會 모돌 회 는　主 님금 쥬　耶 바 소　立 설 립 이니

保 보젼 보　天 하ᄂᆞᆯ 텬　道 길 도 ᄒᆞ야　傳 젼홀 젼　地 ᄯᅡ 디　極 극진 극 이오

教 ᄀᆞ르칠 교　中 가온ᄃᆡ 즁　禮 례돈 례 는　有 잇술 유　二 두 이　端 씃 단 ᄒᆞ니

三字經

十 열 십 福 복 복 音 소리 음 聖 거륵 셩 教 ᄀᆞᄅᆞ칠 교

上 웃 샹 帝 님금 뎨 道 길 도 를 稱 닐ᄏᆞᆯ 칭 何 엇지 하 名 일홈 명 고

垂 드리울 슈 永 길 영 久 오랠 구 、 號 일홈 호 福 복 복 音 소리 음 이니라

上 웃 샹 帝 님금 뎨 道 길 도 를 要 요긴 요 人 사람 인 知 알 지 니

莫 말 막 大 큰 대 恩 은혜 은 은 主 님금 쥬 降 ᄂᆞ릴 강 世 인간 셰 로다

七十四

셤기고 거룩히 졍결홈을 일우리니 쥬의 일홈을
의지ᄒᆞ야 하ᄂᆞᆯ 아바지씌 구ᄒᆞ여야 바야호로 능히
셩신의 도으심을 엇으리라

方 能 得 、 聖 神 助

모 능 엇 거 신 도ᄒᆞ리
홀 을 륵 령 을라
방 능 득 셩 신 조

사룸의 ᄆᆞ음이 간샤홈을 엇지 능히 바르게 홀고 다른 법이 업고 셩신을 의지ᄒᆞᄂᆞ니라 하ᄂᆞ님 일톄 안에 계신 셩신이 셋재 위니 그 공효ᄂᆞᆫ 사룸을 화ᄒᆞ야 착ᄒᆞ게 ᄒᆞ며 평안케 위로ᄒᆞ고 빗최여 붉게 ᄒᆞ며 사룸으로 ᄒᆞ여곰 ᄌᆞ긔가 죄 잇숨을 알게 ᄒᆞ고 사룸을 도아 능히 뉘우쳐 곳치게 ᄒᆞᄂᆞ니라 예수ㅣ ᄀᆞᆯᄋᆞ샤ᄃᆡ 거듭나지 아니ᄒᆞ면 반ᄃᆞ시 텬국에 나아가지 못 ᄒᆞᆫ다 ᄒᆞ시니 이 거듭난다 홈은 엇더케 강론홀고 사룸의 착ᄒᆞᆫ ᄆᆞ음을 회복ᄒᆞ고 텬셩 어진 ᄆᆞ음을 살게 ᄒᆞᄂᆞ니 녯 물든 거술 ᄇᆞ리고 새 사룸이 됨은 셩신의 힘 이오 사룸은 능히 못 ᄒᆞᄂᆞ니라 셩신이 잇서 ᄆᆞ음에 ᄀᆞ득ᄒᆞ면 덕과 지혜가 날노 더ᄒᆞ리라 밋ᄂᆞᆫ 덕이 굿으면 미혹홈이 멸ᄒᆞ야 츙셩으로 쥬를

有(잇술 유) 聖(거룩 셩) 神(신령 신)이 滿(ᄀ득홀 만) 於(늘 어) 心(ᄆ음 심)이면

則(곳 즉) 德(큰 덕) 慧(지혜 혜)、 日(날 일) 加(더홀 가) 增(더홀 증)ᄒ리라

信(밋을 신) 德(큰 덕) 堅(굿을 견)이면 迷(아득홀 미) 惑(혹홀 혹) 滅(멸홀 멸)ᄒ야

忠(충셩 충) 事(셤길 ᄉ) 主(님금 쥬)ᄒ고 成(일울 셩) 聖(거룩 셩) 潔(몱을 결)ᄒ리니

靠(의지홀 고) 主(님금 쥬) 名(일홈 명)ᄒ야 求(구홀 구) 天(하ᄂ늘 텬) 父(아비 부)라야

必 반ᄃᆞ 필 不 아니 불 進 나아갈 진、天 하ᄂᆞᆯ 텬 國 나라 국 門 문 문이라ᄒᆞ시니

此 이 ᄎᆞ 重 거듭 즁 生 날 ᄉᆡᆼ은 如 ᄀᆞᆺᄒᆞᆯ 여 何 엇지 하 講 강론 강고

復 회복 복 人 사ᄅᆞᆷ 인 善 착ᄒᆞᆯ 션이오 活 살 활 天 하ᄂᆞᆯ 텬 良 어질 량이니

去 ᄇᆞ릴 거 舊 녜 구 染 물들 염ᄒᆞ고 爲 ᄒᆞᆯ 위 新 새 신 人 사ᄅᆞᆷ 인은

聖 거륵 셩 神 신령 신 力 힘 력이오 人 사ᄅᆞᆷ 인 不 아니 불 能 능ᄒᆞᆯ 능이니라

其(그 기) 功(공 공) 用(쓸 용)온 化(화홀 화) 人(사룸 인) 善(착홀 션)ᄒᆞ며

竝(아오를 병) 安(편안 안) 慰(위로 위)ᄒᆞ고 竝(아울을 병) 照(빗쵤 죠) 亮(붉을 량)ᄒᆞ며

使(ᄒᆞ여곰 ᄉᆞ) 人(사룸 인) 知(알 지)、 己(몸 긔) 有(잇술 유) 罪(허물 죄)ᄒᆞ고

助(도을 조) 人(사룸 인) 能(능홀 능)、 痛(압홀 통) 改(곳칠 기) 悔(뉘우칠 회)니라

耶(어조사 야) 蘇(살아날 소) 云(니를 운)ᄒᆞ샤디 不(아니 불) 重(거듭 중) 生(날 싱)이면

九 아홉 구 聖 거륵 셩 神 신령 신 感 감동 감 化 화훌 화

人 사룸 인 心 무옴 심 邪 간샤 쟈 룰 何 엇지 하 能 능훌 능 正 바를 졍 고

無 업술 무 別 다를 별 法 법 법 이오 靠 의지훌 고 聖 거륵 셩 神 신령 신 이니 라

在 잇술 지 上 웃 샹 帝 님금 뎨 、 一 훈 일 體 몸 톄 內 안 닉 에

聖 거륵 셩 神 신령 신 是 이 시 、 第 ᄎ례 뎨 三 석 삼 位 자리 위 니

三字經

六十八

교ᄅᆞᆯ ᄉᆞ랑ᄒᆞ야 그 문도가 되면 뉘우쳐 곳처ᄂᆞᆫ듸 니르ᄂᆞ니 ᄌᆞ긔의 악ᄒᆞᆷ을 알고 ᄌᆞ긔의 죄ᄅᆞᆯ 근심ᄒᆞ고 ᄌᆞ긔의 허물을 곳처ᄂᆞ니라 구원 엇기ᄅᆞᆯ ᄇᆞ라ᄂᆞᆫ 쟈의 반ᄃᆞ시 알거슨 밋고 다못 뉘웃ᄂᆞᆫ거시 ᄀᆞ장 요긴ᄒᆞᆷ이 되ᄂᆞ니 쥬ᄅᆞᆯ 밋ᄂᆞᆫ 쟈ᄂᆞᆫ 반ᄃᆞ시 구원을 엇어 텬당 복을 영영이 오래 누릴지니라

ᄒᆞ시니 은혜가 지극히 큼을 영원토록 닛지 아니
홀지니라 무덤 안희 장ᄉᆞᄒᆞᆫ지 다만 사흘에 믄득
다시 살아나샤 죽ᄂᆞᆫ 권셰를 이긔시니 다시 사신
후에 어ᄃᆡ로 가신고 ᄉᆞ십 일 후에 텬당에 오르시니라
쥬 예수ᄭᅴ셔 오샤 셰샹을 구원ᄒᆞ실ᄉᆡ 무ᄉᆞᆷ 법을 써
이 일을 일우셧ᄂᆞ뇨 ᄒᆞ나ᄒᆞᆫ 도를 젼ᄒᆞᆷ이오 ᄒᆞ나ᄒᆞᆫ
표를 셰움이오 ᄒᆞ나ᄒᆞᆫ ᄃᆡ신 ᄉᆞᆨ죄ᄒᆞ심이니 지극히
요긴ᄒᆞᆷ이 된지라 춤도로써 인심을 화ᄒᆞ시니 교를
좃ᄂᆞᆫ 쟈ᄂᆞᆫ ᄇᆡᆨ 가지 복이 림ᄒᆞ리라 므릇 말ᄉᆞᆷ과
ᄒᆡᆼ실에 법을 지어 사ᄅᆞᆷ의 ᄆᆞᄋᆞᆷ으로 ᄒᆞ여곰 일뎡
향ᄒᆞᆷ이 잇게 ᄒᆞ시고 모든 어려옴을 격그시며 십ᄌᆞ가에
죽으샤 뭇 사ᄅᆞᆷ의 죄를 ᄉᆞᆨᄒᆞ시니 공이 지극히 크도다
죄를 쟈ᄒᆞᆨ ᄒᆞ면 반ᄃᆞ시 몬져 ᄉᆞᆨ홀지니 사ᄅᆞᆷ의
죄를 ᄉᆞᆨᄒᆞᆷ은 이에 예수 이시라 뭇 사ᄅᆞᆷ이 간난ᄒᆞᆫ
이와 다못 부쟈가 반ᄃᆞ시 뉘웃쳐 곳치고 구쥬를
밋으라 구쥬를 밋으면 ᄯᅳᆺ시 맛당이 셕옷칠거시니
이에 스승이 되고 쥬지가 되고 구쥬가 됨을 알고 그

쥬 예수ᄂᆞᆫ 하ᄂᆞ님의 아ᄃᆞᆯ 이니 하ᄂᆞᆯ노 조차 ᄂᆞ리샤 셰샹을 구원ᄒᆞ셧스니 셔방 셩현이 아니오 하ᄂᆞᆯ 아바지로 ᄒᆞᆫ가지 영광과 권셰를 아오르시니라 하ᄂᆞ님의 ᄒᆞᆫ 몸에 세 위가 ᄂᆞᆫ호엿시니 쥬 예수ᄭᅴ셔 둘재 위시니라 이 세 위ᄂᆞᆫ 무어시라 닐ᄏᆞᆺᄂᆞᆫ고 ᄀᆞᆯ온부와 ᄌᆞ와 셩신 이니라 ᄌᆞᄂᆞᆫ 뉘시뇨 곳 예수시니 도라고도 닐ᄏᆞᆺ고 그리스도라도 닐ᄏᆞᄅᆞᆷ이 잇ᄂᆞ니라 강ᄉᆡᆼᄒᆞ신 후에 사ᄅᆞᆷ이 되셧시니 육신도 잇고 령혼이 잇ᄉᆞ며 하ᄂᆞ님의 셩픔도 잇고 사ᄅᆞᆷ의 셩픔이 ᄀᆞ초앗시니 두 셩픔이 합ᄒᆞ야 구쥬가 되시니라 우리 구쥬ᄂᆞᆫ 죄와 허믈이 업ᄉᆞ시고 ᄯᅳᆺ과 말ᄉᆞᆷ과 ᄒᆡᆼ실에 착ᄒᆞᆫ거시 다 온젼ᄒᆞ시니 예수ᄭᅴ셔 오샤 구원ᄒᆞ시ᄂᆞᆫ 법이 일운지라 유대 벳레헴에 나시니 어마니ᄂᆞᆫ 뉘시뇨 마리아 이니 이에 쳐녀로 싀집가기 젼에 마리아가 셩신에 감동ᄒᆞ야 예수를 나흐니 일이 파연 진실ᄒᆞ도다 쥬ᄭᅴ셔 죽으신 곳시 어ᄂᆞ 싸힌고 산 일홈이 각각타라 십ᄌᆞ가 형틀에 못박혀 고난을 당

憂 근심우
己 몸긔
罪 허물죄 오
改 곳칠기
己 몸긔
過 허물과 니라

望 ᄇᆞ랄망
救 구원구
者 놈쟈 의
必 반ᄃᆞ필
知 알지
道 길도 ᄂᆞᆫ

信 밋을신
與 더블여
悔 뉘우칠회 、
爲 ᄒᆞᆯ위
最 ᄀᆞ장최
要 요긴요 니

信 밋을신
主 님금쥬
者 놈쟈 ᄂᆞᆫ
必 반ᄃᆞ필
得 엇을득
救 구원구 ᄒᆞ야

天 하늘텬
堂 집당
福 복복 을
享 누릴향
永 길영
久 오릴구 ᄒᆞ리라

三字經

六十四

信 밋을 신 救 구원 구 主 님금 쥬면 意 뜻 의 當 맛당 당 曉 ᄭᆡᄃᆞ를 효니

乃 이에 내 認 알 인 之 갈 지、爲 ᄒᆞᆯ 위 師 스승 ᄉᆞ 表 밧 표와

爲 ᄒᆞᆯ 위 主 님금 쥬 宰 ᄌᆡ샹 ᄌᆡ와 爲 ᄒᆞᆯ 위 救 구원 구 主 님금 쥬ᄒᆞ고

愛 ᄉᆞ랑 ᄋᆡ 其 그 기 教 ᄀᆞᄅᆞ칠 교ᄒᆞ야 爲 ᄒᆞᆯ 위 其 그 기 徒 무리 도ᄒᆞ면

至 니를 지 悔 뉘우칠 회 改 곳칠 ᄀᆡ니 知 알 지 己 몸 긔 惡 모질 악이오

贖 쇽홀쇽 衆 무리즁 罪 허물죄ᄒᆞ시니 功 공공 至 지극지 大 큰대로다

欲 ᄒᆞ고져홀욕 赦 샤홀샤 罪 허물죄면 必 반ᄃᆞ필 先 몬져션 贖 쇽홀쇽이니

贖 쇽홀쇽 八 사ᄅᆞᆷ인 罪 허물죄ᄂᆞᆫ 乃 이에내 耶 어조ᄉᆞ야 蘇 살아날소라

爾 너이 衆 무리즁 人 사ᄅᆞᆷ인의 貧 간난빈 與 더블여 富 부쟈부가

必 반ᄃᆞ필 悔 뉘우칠회 改 곳칠기ᄒᆞ고 信 밋을신 救 구원구 主 님금쥬ᄒᆞ라

用 쓸 용
眞 ᄎᆞᆷ 진
道 길 도 ᄒᆞ야
化 화ᄒᆞᆯ 화
人 사ᄅᆞᆷ 인
心 ᄆᆞᄋᆞᆷ 심 ᄒᆞ시니

遵 좃출 준
敎 ᄀᆞᄅᆞ칠 교
者 놈 쟈 ᄂᆞᆫ
百 일ᄇᆡᆨ ᄇᆡᆨ
福 복 복
臨 림ᄒᆞᆯ 림 ᄒᆞ리라

凡 므릇 범
言 말ᄉᆞᆷ 언
行 ᄒᆡᆼᄒᆞᆯ ᄒᆡᆼ 에
做 지을 주
榜 표 방
樣 모양 양 ᄒᆞ야

使 ᄒᆞ여곰 ᄉᆞ
人 사ᄅᆞᆷ 인
心 ᄆᆞᄋᆞᆷ 심 으로
有 잇ᄉᆞᆯ 유
定 뎡ᄒᆞᆯ 뎡
向 향ᄒᆞᆯ 향 ᄒᆞ시고

歷 지날 력
諸 모들 졔
艱 어려울 간 ᄒᆞ시며
死 죽을 ᄉᆞ
十 열 십
架 틀 가 ᄒᆞ샤

四 넉 ᄉᆞ 十 열 십 日 날에 일 升 오ᄅᆞᆯ 승 天 하ᄂᆞᆯ 텬 堂 집 당 ᄒᆞ시니라

主 님금 쥬 耶 어조ᄉᆞ 야 蘇 살아날 소ㅣ 來 올 릭 救 구원 구 世 인간 셰 ᄒᆞ실시

用 쓸 용 何 엇지 하 法 법 법 ᄒᆞ야 成 일울 셩 此 이 ᄎᆞ 事 일 ᄉᆞ 오

一 ᄒᆞᆫ 일 傳 젼ᄒᆞᆯ 젼 道 길 도 요 一 ᄒᆞᆫ 일 立 설 립 表 밧 표 요

一 ᄒᆞᆫ 일 代 ᄃᆡ신 ᄃᆡ 贖 쇽ᄒᆞᆯ 쇽 이니 爲 ᄒᆞᆯ 위 至 지극 지 要 요긴 요 라

三字經

六十

釘 못 뎡
十 열 십
架 틀ᄒᆞ야 가
苦 괴로올 고
難 어려올 난
當 당홀 당 ᄒᆞ시니

恩 온혜 은
至 지극 지
大 큰를 대
永 길 영
不 아니 불
忘 니즐 망 이라니

葬 장ᄉᆞ 장
墳 무덤 분
內 안、 ᄂᆡ
止 긋칠 지
三 셕 삼
日 날에 일

便 믄득 편
復 다시 부
生 날ᄒᆞ샤 싱
勝 이길 승
死 죽을 ᄉᆞ
勢 형셰 셰 ᄒᆞ시니

復 다시 부
生 날 싱
後 뒤에 후
往 갈 왕
何 엇지 하
方 모고 방

乃(이에 내) 童(ᄋᆞ히 동) 女(계집 녀)로 初(처음 초) 未(아닐 미) 嫁(싀집갈 가)에

馬(물 마) 利(리ᄒᆞᆯ 리) 亞(버금 아)ㅣ 感(감동 감) 於(늘 어) 神(신령 신)ᄒᆞ야

生(날 ᄉᆡᆼ) 耶(어조사 야) 蘇(살아날 소)ᄒᆞ니 事(일 ᄉᆞ) 果(과연 과) 眞(참 진)이로다

主(님금 쥬) 死(죽을 ᄉᆞ) 處(곳 쳐)는 是(이 시) 何(엇지 하) 地(ᄯᅡ 디)오

小(적을 소) 山(뫼 산) 名(일홈 명)이 各(각각 각) 各(각각 각) 他(ᄃᆞ를 타)라

我 나 아　救 구 원 구　主 님는 금 쥬　無 업 슐 무　罪 허 물 죄　愆 허이오 물 건

意 뜻 의　言 말 숨 언　行 힝에 실 힝　善 착 홀 션　俱 홈 끠 구　全 온ᄒᆞ시 젼니 젼

耶 어 조 ᄉᆞ 야　蘇 살 아 날 소　来 올ᄒᆞ샤 리　救 구 원 구　法 법 법　成 일이라 울 셩

生 날 ᄉᆡᆼ　猶 ᄀᆞᆺ 홀 유　太 클、 태　伯 맛 ᄇᆡᆨ　利 리 홀 리　恒 홍ᄒᆞ시 샹니 홍

毋 어 미 모　爲 홀 위　誰 누오 구 슈　馬 물 마　利 리 홀 리　亞 버니 금 아

有 잇ᄉᆞᆯ 유 稱 닐ᄏᆞ를 칭 道 길 도 ᄒᆞ고 稱 닐ᄏᆞ를 칭 基 터 긔 督 거ᄂᆞ릴 독 이라

降 ᄂᆞ릴 강 生 날 ᄉᆡᆼ 後 뒤에 후 成 일울 셩 爲 ᄒᆞᆯ 위 人 사ᄅᆞᆷ 인 ᄒᆞ시니

有 잇ᄉᆞᆯ 유 肉 고기 육 身 몸 신 이오 有 잇ᄉᆞᆯ 유 靈 신령 령 魂 혼 혼 이며

帝 님금 뎨 性 셩픔 셩 有 잇ᄉᆞᆯ 유 ᄒᆞ고 人 사ᄅᆞᆷ 인 性 셩픔 셩 具 ᄀᆞ촐 구 ᄒᆞ니

合 합ᄒᆞᆯ 합 二 두 이 性 셩픔 셩 ᄒᆞ야 成 일울 셩 救 구원 구 主 님금 쥬 니라

三字經

三字經

帝 님금 뎨 一 ᄒᆞᆫ 일 體 몸 톄 에 分 ᄂᆞᆫ홀 분 三 석 삼 位 자리 위 ᄒᆞ니

主 님금 쥬 耶 어조ᄉᆞ 야 穌 살아날 소 ㅣ 位 자리 위 第 ᄎᆞ례 뎨 二 두 이 니라

此 이 ᄎᆞ 三 석 삼 位 자리 위 ᄂᆞᆫ 是 이 시 何 엇지 하 稱 날ᄏᆞᄅᆞᆯ 창 고

曰 갈 왈 父 아비 부 子 아ᄃᆞᆯ ᄌᆞ 와 曰 갈 왈 聖 거룩 셩 神 신령 선 이니라

子 아ᄃᆞᆯ ᄌᆞ 爲 ᄒᆞᆯ 위 誰 누구 슈 오 卽 곳 즉 耶 어조ᄉᆞ 야 穌 살아날 소 시니

五十五

八 여듧 팔
救 구원 구
世 인간 세
眞 참 진
主 님금 쥬

主 님금 쥬
耶 어조사 야
穌 살아날 소
上 웃 샹
帝 님금 뎨
子 아들 ᄌ

從 좃출 죵
天 하늘 텬
降 ᄂ림 강
来 올 릭
救 구원 구
世 인간 세

非 아니 비
西 셔녘 셔
方 모 방
聖 거륵 셩
與 더블 여
賢 어질 현

同 ᄒ가지 동
帝 님금 뎨
父 아비 부
並 아오를 병
榮 영화 영
權 권세 권

三字經 五十四

거시 잇게 ᄒᆞ시고 닷는 즘승이 잇ᄉᆞ며 버러지가
잇슴을 하늘 아바지ᄭᅴ셔 기ᄅᆞ시니 은혜가 무궁ᄒᆞ도다
사ᄅᆞᆷ의 령혼은 하ᄂᆞ님ᄭᅴ 밧은 거시니 일만 일을
응ᄒᆞ야 뭇 리치가 ᄀᆞ촌지라 하ᄂᆞ님ᄭᅴ셔 셰샹 사ᄅᆞᆷ을
도으샤 귀ᄒᆞ고 쳔ᄒᆞᆫ 거ᄉᆞᆯ 의론처 아니ᄒᆞ시고 날마다
먹을 량식이 잇게 ᄒᆞ시며 집과 옷시 잇게 ᄒᆞ시며 법
외에 ᄌᆞ익ᄒᆞ신 ᄆᆞ음을 나타내샤 예수를 보내샤
만민을 구ᄒᆞ시니 그런고로 우리들이 맛당히 소리를
ᄀᆞᆺ치 ᄒᆞ야 그 일홈을 찬미ᄒᆞ고 너른 은혜를 감샤ᄒᆞᆯ
지니라

故 연고 고 我 나 아 等 무리 등 이 該 맛당 ᄒᆡ 同 ᄒᆞᆫ가지 동 聲 소리 셩 ᄒᆞ야

讚 기를 찬 其 그 기 名 일홈 명 ᄒᆞ고 感 감동 감 宏 너를 굉 恩 온혜 은 이로다

크신 쥬ᄌᆡᄭᅴ셔 텬디를 ᄆᆞᆫᄃᆞ시고 만물을 ᄆᆞᆫᄃᆞ샤 다 ᄀᆞ족히 ᄀᆞ초아 계시니 큰 공과 능ᄒᆞ심이 임의 극진ᄒᆞᆫ지라 당연이 찬미ᄒᆞ기를 영영이 쉬지 아니ᄒᆞᆯ지니라 낫제는 ᄒᆡ가 잇서 빗치 하늘에 ᄀᆞ득ᄒᆞ고 밤에는 ᄃᆞᆯ이 잇서 빗최는거시 가이 업ᄉᆞ며 ᄒᆡ와 ᄃᆞᆯ 외에 뭇 별이 잇ᄉᆞ니 다 하ᄂᆞ님ᄭᅴ셔 지은 거시라 덕을 일홈ᄒᆞ기 어렵도다 륙디에 오곡 이며 ᄉᆞᆺ파 풀이며 나무가 잇고 바다희 잇는 모든 물고기가 다 하ᄂᆞ님ᄭᅴ셔 ᄆᆞᆫᄃᆞ신 물건 이오 수풀에 잇는 새가 수가 업는거슬 하ᄂᆞ님ᄭᅴ셔 뎌희를 주샤 흥샹 먹을

貴 귀ᄒᆞᆯ 귀 與 더블 여 賤 천ᄒᆞᆯ 천 을
總 다 총 不 아니 불 論 의론 론 ᄒᆞ시고

每 ᄆᆡ양 ᄆᆡ 日 날 일 裏 속 리 에
有 잇ᄉᆞᆯ 유 口 입 구 糧 량식 량 ᄒᆞ며

有 잇ᄉᆞᆯ 유 房 방 방 屋 집 옥 파
同 ᄒᆞᆫ가지 동 衣 옷 의 裳 침하 샹 ᄒᆞ시며

格 법식 격 外 밧 외 顯 나타날 현、
慈 ᄉᆞ랑 ᄌᆞ 愛 ᄉᆞ랑 ᄋᆡ 心 ᄆᆞ음 심 ᄒᆞ샤

遣 보낼 견 耶 어조ᄉᆞ 야 穌 살아날 소、
救 구원 구 萬 일만 만 民 ᄇᆡᆨ셩 민 ᄒᆞ시니

有 잇ᄉᆞᆯ 유 走 다라날 주 獸 즘승 슈 며
有 잇ᄉᆞᆯ 유 昆 맛 곤 蟲 버레 츙 을

天 하ᄂᆞᆯ 텬 父 아비 부 養 기ᄅᆞᆯ 양 ᄒᆞ시니
惠 은혜 혜 無 업ᄉᆞᆯ 무 窮 궁진 궁 이로다

人 사ᄅᆞᆷ 인 之 갈 지 靈 신령 령 은
稟 밧을 픔 於 늘 어 帝 님금 뎨 ᄒᆞ니

應 응ᄒᆞᆯ 응 萬 일만 만 事 일 ᄉᆞ ᄒᆞ고
具 ᄀᆞ촐 구 衆 무리 즁 理 리치 리 라

上 웃 샹 帝 님금 뎨 佑 도을 우 、
世 인간 셰 間 ᄉᆞ이 간 人 사ᄅᆞᆷ 인 ᄒᆞ샤

同 ᄒᆞᆫ가지 동 花 ᄭᅩᆺ 화 草 풀와 초 同 가ᄒᆞᆫ지 동 樹 나무 슈 木 나무이오 목

海 바다 히 中 가온듸 즁 有 잇ᄉᆞᆯ 유、 諸 모들 져 水 물 슈 族 족쇽이 족

皆 다 기 上 웃 샹 帝 님금의 뎨 造 지을 조 之 갈 지 物 만물이오 물

林 수풀 림 間 ᄉᆞ이 간 鳥 새、 됴 無 업ᄉᆞᆯ 무 數 두어 수 隻 짝을 쳑

帝 님금 뎨 賜 줄 ᄉᆞ 彼 뎌ᄒᆞ샤 피 常 ᄯᅥᆺᄯᅥᆺ 샹 有 잇ᄉᆞᆯ 유 吃 먹을ᄒᆞ시고 흘

晝 낫 쥬
有 잇ᄉᆞᆯ 유
日 날ᄒᆞ야 일
光 빗 광
滿 ᄀᆞ득ᄒᆞᆯ 만
天 하ᄂᆞᆯ 텬 ᄒᆞ고

夜 밤 야
有 잇ᄉᆞᆯ 유
月 ᄃᆞᆯᄒᆞ야 월
照 빗쵤 죠
無 업ᄉᆞᆯ 무
邊 가 변 ᄒᆞ며

日 날 일
月 ᄃᆞᆯ 월
外 밧에 외
有 잇ᄉᆞᆯ 유
衆 무리 즁
星 별 셩 ᄒᆞ니

皆 다 ᄀᆡ
帝 님금 뎨
造 지을 조 라
德 큰 덕
難 어려올 난
名 일홈 명 이로다

陸 뭇 륙
地 ᄯᅡ 디
上 웃에 샹
有 잇ᄉᆞᆯ 유
五 다ᄉᆞᆺ 오
穀 곡식 곡 파

七 닐곱 칠
歌 노리 가
頌 송홀 송
上 웃 샹
主 님금 쥬

大 큰 대
主 님금 쥬
宰 지샹 지ㅣ
造 지을 조
天 하놀 텬
地 ᄯᅡ 디 ᄒᆞ시고

造 지을 조
萬 일만 만
物 만물 물 ᄒᆞ샤
俱 다 구
齊 ᄀᆞ족홀 제
備 ᄀᆞ촐 비 ᄒᆞ시니

大 큰 대
功 공 공
能 능홀 능이
無 업술 무
旣 임의 긔
極 극진 극이라

譆 그 희
讚 기릴 찬
美 아ᄅᆞᆷ다올 미를
永 길 영
不 아니 불
息 쉴 식이니라

샤귀와 마귀가 와셔 사름을 미혹ᄒᆞ면 ᄌᆞ긔의 힘을 의지ᄒᆞ여는 ᄃᆡ덕을 이긔지 못ᄒᆞ리니 쥬의 공로를 의지ᄒᆞ야 하놀 아바지ᄭᅴ 셩신 주심을 구ᄒᆞ면 능히 구원ᄒᆞ리라

지라 구원을 엇ᄂᆞᆫ 사ᄅᆞᆷ들이 그 도음을 밧ᄂᆞ니 하ᄂᆞ님ᄭᅴ셔 명ᄒᆞ샤 ᄒᆞᆼ샹 빗최여 도라보시ᄂᆞ니라 셩셔에 말ᄒᆞᆫ바 귀신은 다른 물건이 아니오 마귀와 ᄀᆞᆺ흔 류이라 모든 샤귀와 마귀를 처음 ᄆᆞᆫ들 ᄯᅢ에 법을 범치 아니 ᄒᆞ여ᄂᆞᆫ ᄯᅩᄒᆞᆫ 텬ᄉᆞ 이러니 법을 범ᄒᆞᆷ으로 하ᄂᆞ님ᄭᅴ셔 ᄶᅩᆺ차 내심을 닙어 놉흔 하ᄂᆞᆯ을 ᄯᅥ나니 일만 가지로 악ᄒᆞᆫ지라 아울너 사ᄅᆞᆷ을 ᄭᅬ여 샹쥬를 비반케 ᄒᆞ며 우샹의게 절ᄒᆞ야 모든 괴로옴에 ᄲᅡ지게 ᄒᆞ나 그러ᄒᆞ나 샤귀와 마귀도 ᄆᆞᆺᄎᆞᆷ내 ᄶᅩᆺ침을 닙어 영원ᄒᆞᆫ 형벌을 밧고 디옥에 드러가ᄂᆞ니라 마귀를 의론컨대 셩셔에 닐ᄋᆞ샤ᄃᆡ 곳 귀신의 머리니 너희가 맛당이 ᄇᆞᆰ히라 ᄎᆞᆷ되신 하ᄂᆞ님을 공경치 아니 ᄒᆞ고 ᄎᆞᆷ되신 구쥬를 의지ᄒᆞ지 아니ᄒᆞ며 셰샹에 모든 간악ᄒᆞᆫ 일만 ᄒᆡᆼᄒᆞ면 곳 닐ᄏᆞᆺ기를 마귀의 아ᄃᆞᆯ이라 ᄒᆞᄂᆞ니라 죽은 후에 이러ᄒᆞᆫ 사ᄅᆞᆷ은 디옥에 ᄂᆞ려 침륜ᄒᆞᄂᆞᆫ 고ᄉᆡᆼ을 밧게 ᄒᆞᄂᆞ니라

三字經

邪 간샤샤 魔 마귀마 來 올리 ᄒᆞ야 迷 아득ᄒᆞᆯ미 惑 혹ᄒᆞᆯ혹 人 사ᄅᆞᆷ인 이면

靠 의지ᄒᆞᆯ고 己 몸긔 力 힘력 ᄒᆞ야 는 敵 ᄃᆡ뎍뎍 不 아니불 勝 이길승 이리니

靠 의지ᄒᆞᆯ고 主 님금쥬 功 공공 ᄒᆞ야 求 구ᄒᆞᆯ구 天 하ᄂᆞᆯ텬 父 아비부 ᄭᅴ

賜 줄ᄉᆞ 聖 거륵셩 神 신령신 이면 能 능ᄒᆞᆯ능 救 구원구 護 호위ᄒᆞᆯ호 ᄒᆞ리라

세샹 사ᄅᆞᆷ 밧긔 텬ᄉᆞ가 잇ᄉᆞ니 하ᄂᆞ님의 ᄡᅳ심이 되고
하ᄂᆞ님의 ᄯᅳᆺ술 일우ᄂᆞ니라 여러 텬ᄉᆞ도 하ᄂᆞ님ᄭᅴ셔
조셩ᄒᆞ신 거시니 이에 신령ᄒᆞᆫ 물건이오 육신이 업ᄂᆞᆫ

四十四

眞(참 진) 救(구원 구) 主(님금ᄅᆞᆯ 쥬) 不(아니 불) 依(의지홀 의) 賴(힘닙을 뢰)ᄒᆞ며

行(힝홀 힝) 世(인간 셰) 間(ᄉᆞ이 간)、諸(모들 져) 邪(간사 사) 事(일 ᄉᆞ)ᄒᆞ면

卽(곳 즉) 稱(닐ᄏᆞᄅᆞᆯ 칭) 爲(홀 위)、魔(마귀 마) 鬼(귀신 귀) 子(아ᄃᆞᆯ ᄌᆞ)니라

到(니를 도) 死(죽을 ᄉᆞ) 後(뒤에 후) 此(이 ᄎᆞ) 等(무리 등) 人(사ᄅᆞᆷ 인)은

下(아래 하) 地(ᄯᅡ 디) 獄(옥 옥)ᄒᆞ야 受(밧을 슈) 沉(ᄌᆞᆷ길 침) 淪(ᄲᅡ질 륜)이니라

然 그럴 연 邪 간샤 샤 魔 마귀 마 도

終 못춤 종 被 닙을 피 逐 쪼출 축 ᄒᆞ야

受 밧을 슈 永 길 영 刑 형벌 형 ᄒᆞ고

下 아래 하 地 따 디 獄 옥 옥 이니라

論 의론 론 魔 마귀 마 鬼 귀신 귀 컨대

聖 거룩 셩 書 글 셔 云 닐을 운 ᄒᆞ샤딕

即 곳 즉 鬼 귀신 귀 首 머리 슈 니

爾 너 이 當 맛당 당 明 붉을 명 ᄒᆞ라

眞 참 진 上 웃 샹 帝 님금 뎨 를

不 아니 불 敬 공경 경 拜 절 비 ᄒᆞ고

未 아니 미 犯 범ᄒᆞᆯ 범 法 법ᄒᆞᄂᆞᆫ 법ᄒᆞ야 亦 ᄯᅩ 역 天 하ᄂᆞᆯ 텬 使 부릴 ᄉᆞ 러니

因 인ᄒᆞᆯ 인 犯 범ᄒᆞᆯ 범 法 법 법으로 被 닙을 피 帝 님금 뎨 趕 ᄶᅩ칠 한 ᄒᆞ야

離 ᄯᅥ날 리 高 놉흘 고 天 하ᄂᆞᆯ 텬 ᄒᆞ나 惡 모질 악 萬 일만 만 端 ᄭᅳᆺ 단 이라

專 오로지 젼 誘 ᄭᅬ일 유 人 사ᄅᆞᆷ 인 ᄒᆞ야 背 등 ᄇᆡ 上 웃 샹 主 님금 쥬 케ᄒᆞ며

拜 절 ᄇᆡ 偶 ᄶᅡᆨ 우 像 형샹 샹 ᄒᆞ야 陷 ᄲᅡ질 함 諸 모든 져 苦 고로올 고 케ᄒᆞ나

得 엇 을 득
救 구 원 구
人 사이 ᄅᆞᆷ 인

受 밧 을 슈
其 그 기
助 도ᄒᆞᄂᆞ 을 니 조

帝 님 금 뎨
命 명 ᄒᆞᆯ 명
之 갈ᄒᆞ샤 지

常 ᄲᅧᆺ 셧 상
照 빗 ᄎᆡᆯ 죠
顧 도ᄒᆞ시 라ᄂᆞ니 볼라 고

聖 거 륵 셩
書 글 셔
中 가에 온 되 즁

所 바 소
言 말 ᄉᆞᆷ 언
鬼 귀ᄂᆞᆫ 신 귀

非 아 니 비
他 다 ᄅᆞᆯ 타
物 만이오 물 물

魔 마 귀 마
一 ᄒᆞᆫ 일
類 ᄀᆞᆺ라 ᄒᆞᆯ 류

諸 모 들 졔
邪 간 샤 샤
魔 마ᄅᆞᆯ 귀 마

初 처 음 쵸
造 지 을 조
時 ᄣᆡ에 시

六(여ᄾ 륙) 鬼(귀신 귀) 神(신령 신) 之(갈 지) 別(분별 별)

世(인간 셰) 人(사ᄅᆞᆷ 인) 外(밧에 외) 有(잇슬 유) 天(하ᄂᆞᆯ 텬) 使(부릴ᄒᆞ니 ᄉᆞ)

爲(ᄒᆞᆯ 위) 帝(님금 뎨) 用(쓸이오 용) 成(일울 셩) 帝(님금 뎨) 旨(뜻니라 지)

衆(무리 즁) 天(하ᄂᆞᆯ 텬) 使(부릴도 ᄉᆞ) 帝(님금 뎨) 造(지을 조) 成(일울이시니 셩)

乃(이에 ᄂᆡ) 靈(신령 령) 物(만물이오 물) 無(업슬 무) 肉(고기 육) 身(몸이라 신)

어김을 인ᄒᆞᆷ이니라 누구가 톄일노 하ᄂᆞ님의 법을
범ᄒᆞ엿ᄂᆞᆫ고 시조 아당과 다못 하와니라 아당을
니어 ᄌᆞ손이 되니 뭇 사ᄅᆞᆷ의 ᄆᆞᄋᆞᆷ 속에 악ᄒᆞᆫ
ᄲᅮ리가 잇ᄂᆞᆫ지라 련하 사ᄅᆞᆷ이 다 ᄒᆞᆫ 류이니 ᄒᆞ나
도 죄를 범ᄒᆞ지 아니 ᄒᆞᆫ이가 업ᄂᆞ니라

사름의 몸을 ᄆᆞᆫᄃᆞ럿ᄂᆞ뇨 하ᄂᆞ님씌서 ᄒᆞᆰ으로 써 조셩ᄒᆞ신 거시오 사름의 혼은 이에 령ᄒᆞᆫ 물건 이니 ᄯᅩᄒᆞᆫ 하ᄂᆞ님씌셔 특별이 톄오신 거시라 긔운 된 물건은 사름의 몸 이니 형샹이 잇고 죽고 사ᄂᆞᆫ 거시 잇ᄂᆞᆫ지라 육신이 죽은 후에 도 령혼은 업서지지 아니 ᄒᆞ야 디옥으로 벌을 ᄒᆞ며 텬당으로 샹을 ᄒᆞᄂᆞ니라 삼혼이 잇다 ᄒᆞᆷ은 이에 허ᄒᆞᆫ 말 이오 이 령혼 ᄒᆞ나히 ᄎᆞᆷ 리치니라 쥬씌셔 사름 ᄆᆞᆫᄃᆞ심을 ᄌᆞ긔 모양으로 형샹 ᄒᆞ시니 셩픔이 오직 착ᄒᆞ고 ᄆᆞ음이 오직 어지니라 사름의 시조가 ᄋᆡ뎐 화원에 머물너 즐거옴이 한량이 업더니 후에 동산에 잇다가 ᄶᅩᆺ차 내침을 닙엇시니 이 누구가 ᄶᅩᆺ찻ᄂᆞᆫ고 이에 하ᄂᆞ님 이시니라 무슴 일노 ᄒᆞ여 이 형벌을 ᄇᆞᆺ앗ᄂᆞᆫ고 죄를 범ᄒᆞ며 하ᄂᆞ님의 명령

繼 니을 계 亞 버금 아 當 맛당 당 ᄒᆞ야 做 지을 주 子 아ᄃᆞᆯ ᄌᆞ 孫 손ᄌᆞ 손 ᄒᆞ니

家 무리 즁 心 ᄆᆞᄋᆞᆷ 심 內 안 ᄂᆡ 에 有 잇ᄉᆞᆯ 유 惡 모질 악 根 ᄲᅮᆯ리 근 이라

天 하ᄂᆞᆯ 텬 下 아래 하 人 사ᄅᆞᆷ 인 이 皆 다 기 一 ᄒᆞᆫ 일 類 ᄀᆞᆺᄒᆞᆯ 류 니

無 업ᄉᆞᆯ 무 有 잇ᄉᆞᆯ 유 一 ᄒᆞᆫ 일 ㅣ 不 아니 불 犯 범ᄒᆞᆯ 범 罪 허물 죄 라니

아당온 사나회오 하와는 계집 이니 온 텬하 사ᄅᆞᆷ의
시조로다 사ᄅᆞᆷ의 몸이 두 위에 ᄂᆞᆫ호엿시니 ᄒᆞ나흔
육신 이오 ᄒᆞ나흔 령혼 이라 이 무숨 물건으로

是 이 시 誰 누구 슈 逐 쫏고 출 축
乃 이에 내 上 웃 상 帝 님시니 금라 뎨

爲 ᄒᆞᆯ 위 何 엇지 하 事 일로 ᄉᆞ
受 밧을 슈 此 이 ᄎᆞ 刑 형고 벌 형

因 인 ᄒᆞᆯ 인 犯 범 ᄒᆞᆯ 범 罪 허며 물 죄
違 어긜 위 帝 님금 뎨 命 명이니 ᄒᆞᆯ라 명

誰 누구 슈 第 ᄎᆞ례 뎨 一 ᄒᆞᆫ、 일
犯 범 ᄒᆞᆯ 범 帝 님금 뎨 法 법고 법

祖 할아비 조 亞 버금 아 當 맛과 당 당
與 더블 여 夏 녀름 하 娃 계니라 집 와

三字經 三十四

主 님금 쥬 造 지을 조 人 사ᄅᆞᆷ 인 을 象 모양 샹 己 몸 긔 像 형상 샹 ᄒᆞ시니

性 셩픔 셩 惟 오직 유 善 착ᄒᆞᆯ 션 이오 心 ᄆᆞ음 심 惟 오직 유 良 어질 량 이라

人 사ᄅᆞᆷ 인 始 비로소 시 祖 할아비ㅣ 조 住 머믈 쥬 埃 틔끌 애 田 밧 뎐 、、

華 빗날 화 園 동산 원 內 안 ᄂᆡ ᄒᆞ야 樂 즐길 락 無 업슬 무 邊 가 변 이러니

後 뒤 후 在 잇슬 ᄌᆡ 園 동산 원 이라 가 被 닙을 피 逐 ᄶᅩᆺ츨 츅 出 날 츌 ᄒᆞ니

有 잇 슬 유 形 형 용 형 像 형이오 샹 샹 有 잇 슬 유 死 죽 을 ᄉᆞ 生 날이라 싱

身 몸 신 死 죽 음 ᄉᆞ 後 뒤에도 후 魂 넉 혼 不 아 니 불 亡 망ᄒᆞ야 홀 망

罰 형 벌 벌 地 ᄯᅡ 디 獄 옥ᄒᆞ며 옥 賞 샹 줄 샹 天 하 늘 텬 堂 집ᄒᆞᄂᆞ 니라 당

有 잇 슬 유 三 석 삼 魂 혼은 혼 乃 이 에 내 虛 뷜 허 語 말오 ᄉᆞᆷ 어

是 이 시 一 ᄒᆞᆫ 일 魂 혼이 혼 是 이 시 眞 ᄎᆞᆷ 진 理 리라 치 리

是 이 시 何 엇지 하 物 만물로 물 做 지을 주 人 사름 인 身 몸고 신

上 웃 상 帝 님금 뎨 用 쓸 용 土 흙 토 造 지을 조 成 일울이오 셩

人 사름 인 之 갈 지 魂 혼은 혼 乃 이에 내 靈 신령 령 物 만물이니 물

亦 또 역 上 웃 상 帝 님금의 뎨 所 바 소 特 특별 특 賦 티올니라 부

爲 홀 위 氣 긔운 긔 物 만물은 물 人 사름 인 之 갈 지 身 몸이니 신

三字經

五 다ᄉᆞᆺ 오 人 사ᄅᆞᆷ 인 之 갈 지 本 밋 본 源 근원 원

亞 버금 아 當 맛당 당 男 사나희 남이오 夏 녀름 하 娃 계집 와 女 계집 녀니

普 너을 보 天 하ᄂᆞᆯ 텬 下 아래 하、人 사ᄅᆞᆷ 인 始 비로소 시 祖 할아비 조로다

人 사ᄅᆞᆷ 인 之 갈 지 體 몸 톄、兩 두 량 位 자리 위 分 ᄂᆞᆫ을 분ᄒᆞ니

一 ᄒᆞᆫ 일 肉 고기 육 身 몸 신이오 一 ᄒᆞᆫ 일 靈 신령 령 魂 혼 혼이라

三十一

三字經 三十

거시 아니로다 ᄆᆡᆼᄌᆞㅣ 말ᄒᆞᄃᆡ 사ᄅᆞᆷ이 비록 악ᄒᆞ나
능히 ᄌᆡ계ᄒᆞ고 목욕ᄒᆞ면 하ᄂᆞ님ᄭᅴ 가히 졔ᄉᆞᄒᆞᆫ다
ᄒᆞ니 이 ᄀᆞᆺᄒᆞᆫ 말은 말노 다 ᄒᆞ지 못ᄒᆞ겟도다
앗갑다 셰샹 사ᄅᆞᆷ은 ᄆᆞ음이 ᄇᆞᆰ지 못ᄒᆞ야 그릇
부쳐와 옥황과 하ᄂᆞᆯ과 ᄯᅡ와 쳔만 가지 귀신을
하ᄂᆞ님 이라 ᄒᆞ며 죡지라 ᄒᆞ야 ᄎᆞᆷ되신 쥬를 더럽
히니 실노 슬프도다 너희 무리를 권ᄒᆞᄂᆞ니 속히
ᄭᆡᄃᆞ러 하ᄂᆞ님의 올ᄒᆞ신 노ᄒᆞ심을 면ᄒᆞ라 ᄒᆞᆫ가지로
ᄀᆞᆺ치 와셔 ᄆᆞ음과 ᄯᅳᆺ술 졍셩되히 ᄒᆞ야 하ᄂᆞ님을
공경ᄒᆞ고 미련ᄒᆞ지 말지어다

一 ᄒᆞᆫ 일 同 ᄒᆞᆫ가지 동 來 올 ᄅᆡ 、 心 ᄆᆞ음 심 意 뜻 의 虔 졍셩 건 ᄒᆞ야

敬 공경 경 上 웃 샹 帝 님금 뎨 ᄒᆞ고 莫 말 막 迷 호릴 미 眩 어ᄌᆞ러울 현 이어 다

하ᄂᆞ님은 녯 사ᄅᆞᆷ이 알아 홍샹 공경ᄒᆞ고 졀ᄒᆞ엿
시니 약간 말ᄒᆞ노라 하ᄂᆞ님ᄭᅴ 졔ᄉᆞᄒᆞᆷ은 우슌이
힝ᄒᆞ엿고 ᄇᆞᆰ히 하ᄂᆞ님ᄭᅴ 밧음은 하우의 ᄀᆞᄅᆞ침이라
크신 하ᄂᆞ님ᄭᅴ셔 졍셩을 ᄂᆞ리신다 ᄒᆞᆷ은 셩탕의 말
이니 리치가 ᄀᆞ장 통ᄒᆞ엿도다 하ᄂᆞ님이 계심은
셩탕이 두려워ᄒᆞ야 감히 하걸의 죄를 바르게 안으
리오 ᄒᆞ니라 쥬문왕은 혹 오ᄅᆞ고 ᄂᆞ림이 하ᄂᆞ님
좌우에 잇다 ᄒᆞ고 ᄇᆡᆨ셩을 도으샤 님군과 스승을
지으샤 하ᄂᆞ님을 돕ᄂᆞᆫ다 ᄒᆞᆷ은 무왕의 말 이라 교샤
ᄒᆞᄂᆞᆫ 례ᄂᆞᆫ 하ᄂᆞ님을 셤김이니 공ᄌᆞ의 말이 뜻 업ᄂᆞᆫ

天 하늘 텬 與 더불 여 地 ᄯᅡ 디 와

千 일쳔 쳔 萬 일만 만 神 귀신 신 을

爲 ᄒᆞᆯ 위 上 웃 샹 帝 님금 뎨 ᄒᆞ며

爲 ᄒᆞᆯ 위 主 님금 쥬 宰 주지 지 ᄒᆞ야

瀆 더러일 독 眞 참 진 主 님금 쥬 ᄒᆞ니

實 실샹 실 可 올ᄒᆞᆯ 가 哀 슬플 ᄋᆡ 로다

勸 권ᄒᆞᆯ 권 爾 너 이 衆 무리 즁 ᄒᆞ노니

速 ᄲᆞ를 속 醒 ᄭᆡᆯ 셩 悟 ᄭᆡᆯ 오 ᄒᆞ야

免 면ᄒᆞᆯ 면 上 웃 샹 帝 님금 뎨 의

動 움죽일 동 義 올ᄒᆞᆯ 의 怒 셩낼 노 ᄒᆞ라

孟 맛밍 子 아ᄃᆞᆯᄌᆞ 言 말ᄉᆞᆷ언 ᄒᆞ딕 人 사ᄅᆞᆷ인 雖 비록슈 惡 모질악 이나

能 ᄂᆞᆼᄒᆞᆯᄂᆞᆼ 齋 ᄌᆡ계ᄌᆡ 浴 목욕욕 이면 祀 제ᄉᆞᄉᆞ 帝 님금뎨 可 올ᄒᆞᆯ가 라ᄒᆞ니

此 이ᄎᆞ 類 ᄀᆞᆺᄒᆞᆯ류 語 말ᄉᆞᆷ어 ᄂᆞᆫ 說 말ᄉᆞᆷ셜 不 아니불 盡 다ᄒᆞᆯ진 이로다

惜 앗길셕 世 인간셰 人 사ᄅᆞᆷ인 은 心 ᄆᆞᄋᆞᆷ심 不 아니불 明 ᄇᆞᆰ을명 ᄒᆞ야

錯 그ᄅᆞᆺ착 認 알인 佛 부텨불 파 玉 구슬옥 皇 님금황 等 무리등 파

在 잇술 지 上 웃 샹 帝 님금 뎨 ㅣ 左 왼 좌 右 올흘 우 旁 겻 방 ᄒᆞ고 이라

佑 도을 우 下 아래 하 民 빅셩 민 ᄒᆞ샤 作 지을 작 君 님금 군 師 스승 ᄉᆞ ᄒᆞ샤

相 도을 샹 上 웃 샹 帝 님금 뎨 는 武 호반 무 王 님금 왕 詞 말숨 ᄉᆞ 라 ㅣ니

郊 들 교 社 사직 샤 禮 례도 례 는 事 셤길 ᄉᆞ 上 웃 샹 帝 님금 뎨 니

孔 구멍 공 子 아ᄃᆞᆯ ᄌᆞ 言 말숨 언 이 非 아닐 비 無 업술 무 意 뜻 의 로다

皇 님금 황 上 웃 샹 帝 님금 뎨ㅣ 惟 오직 유 降 ᄂᆞ릴 강 衷 속 츙은

成 일올 셩 湯 끌을 탕 言 말솜 언이니 理 리치 리 最 ᄀᆞ장 최 通 통홀 통이로다

有 잇솔 유 上 웃 샹 帝 님금 뎨는 湯 끌을 탕 王 님금 왕 畏 두려올 외ᄒᆞ야

敢 엇지 감 不 아니 불 正 바룰 정、 夏 녀름 하 桀 일홈 걸 罪 허물 죄라ᄒᆞ니라

周 나라 쥬 文 글월 문 王 님금 왕은 或 혹 혹 陟 오를 쳑 降 ᄂᆞ릴 강이

三字經 二十四

四 넉ᄉᆞ 聖 셩인셩 賢 어질현 敬 공경경 帝 님금뎨

此 이ᄎᆞ 上 웃샹 帝 님금뎨는 古 녜고 人 사ᄅᆞᆷ인 知 알지ᄒᆞ야

常 ᄒᆞᆼ샹샹 敬 공경경 拜 절ᄇᆡᄒᆞ니 畧 간략략 言 말ᄉᆞᆷ언 之 갈지ᄒᆞ노라

類 졔ᄉᆞ류 上 옷샹 帝 님금뎨는 虞 나라우 舜 님금슌 行 ᄒᆡᆼ홀ᄒᆡᆼ이오

昭 ᄇᆞᆰ을쇼 受 밧을슈 帝 님금뎨는 夏 나라하 禹 님금우 訓 ᄀᆞᄅᆞ칠훈이라

풀과 ᄒᆞᆫ 나무 도 셰샹 사ᄅᆞᆷ은 ᄆᆞᆫᄃᆞ러 내지 못
ᄒᆞ거든 ᄒᆞ믈며 텬디ᄂᆞᆫ 실노 큰지라 엇지 반고가
능히 ᄂᆞᆫ호아 열엇시리오 너희ᄂᆞᆫ 맛당이 하ᄂᆞ님의
능력으로 친히 텬디ᄅᆞᆯ 창조ᄒᆞ시고 셰계애 천만
가지ᄅᆞᆯ 거ᄂᆞ리샤 다만 하ᄂᆞ님의 ᄒᆞᆫ 나라 법도ᄅᆞᆯ
일우신거ᄉᆞᆯ 알지니라

제ᄉᆞᄒᆞᆷ이 올치 아니ᄒᆞ도다 ᄒᆞᆫ다ᄂᆞᆫ 비컨대 집 ᄀᆞᆺ고
하ᄂᆞ님은 비컨대 부모 ᄀᆞᆺᄒᆞ니 집에 절ᄒᆞᄂᆞᆫ거슨
례절에 벅벅이 ᄒᆞᆯ거시 아니오 부모ᄅᆞᆯ 공경ᄒᆞᄂᆞᆫ 거슨
직분에 일 이라 하ᄂᆞᆯ을 그릇 알아 하ᄂᆞ님 이라 ᄒᆞ니
이에 크게 그릇 된지라 ᄀᆞ장 가셕ᄒᆞ도다 사ᄅᆞᆷ이
만히 날ᄋᆞ되 반고시가 텬디ᄅᆞᆯ ᄂᆞᆫ호고 처음으로
셰샹을 어거ᄒᆞ엿다 ᄒᆞ니 이런 말은 털긋 만콤도
빙거가 업ᄂᆞᆫ지라 이ᄂᆞᆫ 사ᄅᆞᆷ이 지어 낸 말 이로다
녯적 공ᄌᆞ가 고셔ᄅᆞᆯ 뎔시 그 뎡ᄒᆞ야 ᄊᆞᆫ음이 당
나라와 우 나라로 브터 ᄒᆞᆫ지라 그런고로 ᄉᆞ셔와
오경에 다 반고시 일홈을 긔록지 아니 ᄒᆞ엿고 삼
황이 아득ᄒᆞ야 샹고ᄒᆞᆯ 길이 업슴을 인ᄒᆞ야 ᄉᆞ마쳔이
대개 쓰지 아니 ᄒᆞ엿거든 ᄒᆞ믈며 반고ᄂᆞᆫ 삼황 이젼
이라 더옥 허황ᄒᆞ니 모름즉이 말ᄒᆞᆯ거시 아니니라 ᄒᆞᆫ

하ᄂᆞ님ᄭᅴ셔 만물을 비로소 지으실 처음에 업슴으로 잇슴을 지으시니 ᄆᆞᆰ은 긔운은 하ᄂᆞᆯ이 되고 흐린・긔운은 ᄯᅡ히 되니 ᄆᆞᆫ돌지 아니ᄒᆞᆫ ᄯᅢ에 두 긔운이 업ᄂᆞᆫ지라 이 두 긔운과 다못 오힝이 스ᄉᆞ로 잇슴이 아니오 하ᄂᆞ님ᄭᅴ셔 조셩ᄒᆞ심이니 업ᄂᆞᆫ 거ᄉᆞ로 잇ᄂᆞᆫ 거ᄉᆞᆯ ᄆᆞᆫ드거시 실로 신묘ᄒᆞ도다 하ᄂᆞ님이 아니면 능히 ᄆᆞᆫ돌지 못ᄒᆞᄂᆞ니라 텬디를 ᄆᆞᆫᄃᆞ시고 만물을 온젼이 ᄒᆞ시ᄃᆡ 큰 공을 일우심이 다만 여ᄉᆞᆺ 날 이시니라 닐곱재 날에ᄂᆞᆫ 무슴 일을 ᄒᆞ셧ᄂᆞ뇨 안식ᄒᆞ샤 셰샹에 젼ᄒᆞ시니 안식일은 사ᄅᆞᆷ이 맛당이 직힐거시니 이에 교즁 규모라 영원이 폐치 못ᄒᆞᆯ거시니라 텬디를 공경ᄒᆞᄂᆞᆫ거ᄉᆞᆫ 맛당ᄒᆞᆫ바 아니오 하ᄂᆞ님을 공경ᄒᆞᄂᆞᆫ거ᄉᆞᆫ 리치에 합당ᄒᆞ니라 하ᄂᆞᆯ은 나를 덥고 ᄯᅡ흔 나를・실엇시니 내게 씀이 되ᄂᆞᆫ지라

豈(엇지 긔) 盤(소반 반) 古(녜 고)가 能(능ᄒᆞᆯ 능) 分(ᄂᆞᆫᄒᆞᆯ 분) 開(열 기)리오

甯(너 이) 當(맛당 당) 知(알 지)ᄂᆞᆫ 帝(님금 뎨) 能(능ᄒᆞᆯ 능) 力(힘 력)으로

親(친ᄒᆞᆯ 친) 創(비로소 창) 造(지을 조)、 天(하ᄂᆞᆯ 텬) 與(더블 여) 地(ᄯᅡ 디)ᄒᆞ시고

統(거ᄂᆞ릴 통) 世(인간 세) 界(디경 계)、 萬(일만 만) 千(일쳔 쳔) 數(두어 수)ᄒᆞ샤

只(다만 지) 成(일울 셩) 帝(님금 뎨)、 一(ᄒᆞᆫ 일) 國(나라 국) 度(법도 도)되니라

三字經 二十

三字經

況 ᄒᆞ믈며 황 盤 소반 반 古 녜 고 는 三 석 삼 皇 님금 황 前 압 젼 이라

更 다시 깅 虛 뷔일 허 幻 변환 환 ᄒᆞ니 不 아니 불 須 모롬즉이 슈 言 말ᄉᆞᆷ 언 이니라

卽 곳 즉 一 ᄒᆞᆫ 일 草 풀 초 와 卽 곳 즉 一 ᄒᆞᆫ 일 木 나무 목 도

天 하늘 텬 下 아래 하 人 사ᄅᆞᆷ 인 은 做 지을 주 不 아니 불 出 날 출 이어든

況 ᄒᆞ믈며 황 天 하늘 텬 地 ᄯᅡ 디 는 實 실샹 실 大 큰 대 哉 어조 지 라

十九

三字經

其(그기) 定(뎡ᄒᆞᆯ뎡) 斷(ᄭᅳᆫᄒᆞᆯ단)이 自(스ᄉᆞ리ᄌᆞ) 唐(나라당) 虞(나라우)ㅣ라

故(연고고) 四(넉ᄉᆞ) 書(글셔)와 及(밋출급) 五(다ᄉᆞᆺ오) 經(글경)에

皆(다ᄀᆡ) 不(아니불) 載(실을ᄌᆡ)、 盤(소반반) 古(녜고) 名(일홈명)이오

因(인ᄒᆞᆯ인) 三(석삼) 皇(님금황)이 茫(아득ᄒᆞᆯ망) 無(업슬무) 稽(샹고ᄒᆞᆯ계)ᄒᆞ야

司(맛ᄒᆞᆯᄉᆞ) 馬(ᄆᆞᆯ마) 遷(옴길쳔)이 槪(대개개) 不(아니불) 題(쓸뎨)어든

十八

人 사름인 多 만흘다 云 닐을운 ᄒᆞᄃᆡ
盤 소반반 古 녜고 氏 각시시 가

分 는홀분 天 하늘텬 地 ᄯᅡ디 ᄒᆞ고
首 머리슈 御 어거어 世 인간세 라ᄒᆞ니

此 이ᄎᆞ 等 무리등 話 말숨화 는
毫 터럭호 無 업술무 據 빙거거 ㅣ라

乃 이에내 是 이시 人 사ᄅᆞᆷ인 이
捏 모들날 造 지을조 語 말숨어 ㅣ로다

昔 녯셕 孔 구멍공 子 아ᄃᆞᆯᄌᆞ ㅣ
刪 덜산 古 녜고 書 글셔 ᄒᆞᆯ시

譬 비유 비 上 웃 샹 帝 님금 뎨 권
像 형샹 샹 父 아비 부 母 어미 모 ᄒᆞ니

拜 절 ᄇᆡ 房 방 방 屋 집 옥 은
禮 례도 례 不 아니 불 應 벅벅 응 이오

敬 공경 경 父 아비 부 母 어미 모 ᄂᆞᆫ
分 분슈 분 內 안 ᄂᆡ 情 뜻 졍 이라

錯 그릇 착 認 알 인 天 하ᄂᆞᆯ 텬 ᄒᆞ야
爲 ᄒᆞᆯ 위 上 웃 샹 帝 님금 뎨 ᄒᆞ니

乃 이에 내 大 큰 대 謬 그릇 류 라
最 ᄀᆞ장 최 可 올흘 가 惜 앗길 셕 이로다

三字經

敬(공경 경) 天(하ᄂᆞᆯ 텬) 地(ᄯᅡ 디)는 非(아니 비) 所(바 소) 宜(맛당 의)오

敬(공경 경) 上(웃 샹) 帝(님금 데)는 乃(이에 내) 合(합ᄒᆞᆯ 합) 理(리치 리)라

天(하ᄂᆞᆯ 텬) 覆(덥ᄒᆞᆯ 부) 我(나 아)ᄒᆞ고 地(ᄯᅡ 디) 載(실을 저) 我(나 아)ᄒᆞ니

爲(ᄒᆞᆯ 위) 我(나 아) 用(쓸 용)이라 祭(졔ᄉᆞ 졔) 不(아니 불) 可(올ᄒᆞᆯ 가)로다

譬(비유 비) 天(하ᄂᆞᆯ 텬) 地(ᄯᅡ 디)컨대 像(형샹 샹) 房(방 방) 屋(집 옥)이오

十五

大 큰 대　功 공 공　成 일울 셩 (이)
只 다만 지　六 여ᄉᆞᆺ 륙　天 하ᄂᆞᆯ 텬 (이시니라)

第 ᄎᆞ례 뎨　七 닐곱 칠　天 하ᄂᆞᆯ 텬 (애ᄂᆞᆫ)
做 지을 주　何 엇지 하　事 일 ᄉᆞ (오)

爲 ᄒᆞᆯ 위　安 편안 안　息 쉴 식 (ᄒᆞ야)
傳 젼ᄒᆞᆯ 젼　於 늘 어　世 인간 셰 (ᄒᆞ시니)

安 편안 안　息 쉴 식　日 날 일 (은)
人 사ᄅᆞᆷ 인　該 맛당 ᄒᆡ　守 직힐 슈 (니)

乃 이에 내　教 ᄀᆞᄅᆞ칠 교　規 법 규 (라)
垂 드리울 슈　永 길 영　久 오랠 구 (니라)

此 ᄎ 이 二 이 두 氣 긔 운 긔 、 與 여 블 더 五 오 숫 다 行 힝 닐 든 이

非 비 니 아 自 ᄌᆞ 리 ᄉᆞ 스 有 유 술 잇 오 帝 뎨 금 님 造 조 을 지 成 셩 을 일 니 이 시

無 무 슐 업 造 조 슬 지 有 유 술 잇 ㅣ 實 실 샹 실 神 신 령 신 妙 묘 홀 묘 로 다

除 졔 덜 上 샹 웃 帝 뎨 금 님 면 無 무 슐 업 能 능 홀 능 造 조 을 지 니 라

造 조 을 지 天 텬 놀 하 地 디 ᄯᅡ 와 萬 만 만 일 物 물 물 만 全 젼 젼 온 듸 ᄒᆞ 샤

三 석삼 萬 일만만 有 잇슬유 眞 춤진 原 근원원

造 지을조 萬 일만만 物 만물물을 帝 님금뎨 創 비로소창 首 머리슈에

乃 이에내 從 좃출종 無 업슬무ᄒᆞ야 而 말닐이 造 지을조 有 잇슬유ᄒᆞ시니

淸 묽을쳥 氣 긔운긔 天 하늘텬이오 濁 흐릴탁 氣 긔 긔 地 ᄯᅡ디니

未 못ᄒᆞᆯ미 造 지을조 時 ᄣᅢ시에 無 업슬무 二 두이 氣 긔운긔라

류는 살아셔 사ᄅᆞᆷ 이오 죽은 후에 다만 령혼 ᄲᅮᆫ
이어ᄂᆞᆯ 사ᄅᆞᆷ이 봉ᄒᆞ야 신 이라 ᄒᆞ니 풍쇽이 패ᄒᆞᆷ
이라 ᄀᆞ장 헛되고 ᄀᆞ장 간샤ᄒᆞ니 뎌회를 향ᄒᆞ야
ᄒᆞᆫ갓 구ᄒᆞᆯ지라도 권셰와 능ᄒᆞᆷ과 해롭게 ᄒᆞᆷ과 구원
ᄒᆞᆷ이 업ᄂᆞ니라 사ᄅᆞᆷ의 맛당이 공경ᄒᆞᆯ거슨 이에
하ᄂᆞ님 이시니 돌히 업ᄉᆞ신 ᄎᆞᆷ리치니라 이 글을
보아 맛당이 거즛 거ᄉᆞᆯ ᄇᆞ리고 하ᄂᆞ님을 공경ᄒᆞ면
복이 한량업ᄉᆞᆯ거시니라

三字經

看 볼 간 此 이 ᄎᆞ 章 글월 장 ᄒᆞ야 當 맛당 당 去 ᄇᆞ릴 거 假 거ᄌᆞᆺ 가 ᄒᆞ고

敬 공경 경 上 웃 샹 帝 님금 뎨 ᄒᆞ면 福 복 복 無 업슬 무 涯 가 애 니라

묘 가온ᄃᆡ 부쳐와 보살돌파 옥황과 천만 가지 귀신을 사ᄅᆞᆷ의 ᄆᆞ옴으로 싱각ᄒᆞ야 사ᄅᆞᆷ의 손으로 ᄆᆞᆫ드러 내니 쥬지ᄂᆞᆫ 아니오 오직 흙과 나무라 ᄯᅥ 허수아비ᄂᆞᆫ 다 헛거시니 공경ᄒᆞ야 절ᄒᆞᆯ지라도 털ᄭᅳᆺ 만치 도 쓸ᄃᆡ업고 셕가불은 범샹ᄒᆞᆫ 사ᄅᆞᆷ 이라 그 본국은 곳 텬츅 이오 모든 보살은 부쳐의 뎨ᄌᆞ라 신 이라 닐ᄏᆞ름이 크게 리치에 어그러지도다 장 옥뎨ᄂᆞᆫ 후 한 사ᄅᆞᆷ 이라 휘종 ᄯᅢ에 봉ᄒᆞ야 신 이라 ᄒᆞ고 문태ᄉᆞ로 뢰조라 ᄒᆞ고 등악 뎨ᄂᆞᆫ 황비호오 쵸현 단은 온쥬 ᄯᅢ애 나고 류쟝 싱으로 조ᄉᆞ라 ᄒᆞ니 이런

最 최장ᄀᆞ
虛 허일뷔
空 공일뷔 이오
最 최장ᄀᆞ
邪 샤사간
壞 괴질허문 니

向 향ᄒᆞᆯ향
彼 피 뎌
等 등리무 ᄒᆞ야
同 도갓ᄒᆞᆫ
然 연럴그
求 구ᄒᆞᆯ구 라도

無 무슬업
權 권셰권
能 능ᄒᆞᆯ능 판
害 해ᄒᆞᆯ해
與 여블더
救 구원구 니라

人 인ᄅᆞᆷ사
誒 희당맛
敬 경경공 은
乃 내에이
上 샹웃 ᄂᆞᆫ
帝 뎨금님 시니

無 무슬업
有 유슬잇
二 이 두 ᄒᆞᆫ
是 시 이
眞 진 참
理 리치리 니라

趙 나라조 玄 감을현 壇 제터단은 生 날싱 紂 일홈쥬 時 새시ᄒᆞ고

劉 셩류 長 긴장 生 날싱으로 爲 ᄒᆞᆯ위 祖 할아비조 師 스승ᄉᆞᄒᆞ니

此 이ᄎᆞ 一 ᄒᆞᆫ일 類 ᄀᆞᆺᄒᆞᆯ류는 生 날싱 是 이시 人 사ᄅᆞᆷ인이오

到 니를도 死 죽을ᄉᆞ 後 뒤후에 只 다만지 是 이시 魂 령혼혼이어늘

人 사ᄅᆞᆷ인 封 봉ᄒᆞᆯ봉 神 신령신ᄒᆞ니 風 바람풍 俗 풍쇽쇽 敗 패ᄒᆞᆯ패라

三字經 八

稱 닐커를 칭 爲 ᄒᆞᆯ 위 神 신령 신이　大 큰 대 悖 어긜 패 理 리치 리로다

張 베플 장 玉 구슬 옥 帝 님금 뎨는　後 뒤 후 漢 나라 한 人 사ᄅᆞᆷ 인이라

徽 아름다울 휘 宗 마루 종 時 ᄢᆡ 시에　封 봉ᄒᆞᆯ 봉 爲 ᄒᆞᆯ 위 神 신령 신이오

聞 드를 문 太 클 태 師 스승 ᄉᆞ로　爲 ᄒᆞᆯ 위 雷 우뢰 뢰 祖 할아비 조ᄒᆞ고

東 동녁 동 嶽 뫼 악 帝 님금 뎨는　黃 누루 황 飛 ᄂᆞᆯ 비 虎 호랑이 호오

彼 뎌피 偶 쫙우 像 형상 盡 다홀진 虛 뷔일허 空 뷔일공、이니

敬 공경경 拜 절비 之 갈지 라도 毫 터럭호 無 입술무 用 쓸용 이오

釋 노홀셕 迦 즁가 佛 부쳐불 은 是 이시 凡 므롯범 夫 지아비부 라

其 그기 本 밋본 國 나라국 은 卽 곳즉 天 하늘텬 竺 나라축 이오

諸 모들져 菩 보살보 薩 보살살 은 佛 부쳐불 徒 무리도 弟 아오뎨 라

三字經 六

二 두 이 封 봉ᄒᆞᆯ 봉 神 귀신 신 之 갈 지 謬 그릇 류

廟 ᄉᆞ당 묘 中 가온ᄃᆡ 즁 佛 부쳐 불 파 菩 보살 보 薩 보살 살 們 무리 문 파

同 ᄒᆞᆫ가지 동 玉 구슬 옥 皇 님금 황 파 千 일쳔 쳔 萬 일만 만 神 귀신 신 을

人 사ᄅᆞᆷ 인 心 ᄆᆞ음 심 想 ᄉᆡᆼ각 샹 ᄒᆞ야 人 사ᄅᆞᆷ 인 手 손 슈 出 날 출 ᄒᆞ니

非 아닐 비 主 님금 쥬 宰 지샹 지 오 惟 오직 유 土 ᄒᆞᆰ 토 木 나무 목 이라

## 此眞道 當知悉

此 이 ᄎᆞ 眞 참 진 道 길 도 니 當 맛당 당 知 알 지 悉 다 실 다 이어

크게 조셩ᄒᆞ신 쥬ᄂᆞᆫ 곳 하ᄂᆞ님 이시니 하ᄂᆞ님은 누구신지 ᄌᆞ세이 드르라 하ᄂᆞᆯ과 ᄯᅡ와 사ᄅᆞᆷ과 다못 만물을 다 하ᄂᆞ님ᄭᅴ셔 친히 지어 내심이니라 하ᄂᆞ님을 의론ᄒᆞ건대 본듸 형용이 업ᄉᆞ시고 홀노 ᄒᆞ나뿐 이시니 참 신령 이시니라 온젼이 알으시고 능ᄒᆞ시며 온젼이 거륵ᄒᆞ시고 올흐시며 온젼이 어지시고 착ᄒᆞ시며 변ᄒᆞᆷ과 밧고임이 업ᄉᆞ시며 처음과 나죵이 업ᄉᆞ시니 큰 근본의 근원 이시니라 하ᄂᆞᆯ과 ᄯᅡ와 만물 되기 젼에 텬당에 계시샤 영광과 ᄉᆞ랑ᄒᆞ심을 나타내시니 그러ᄒᆞ나 그 ᄯᅢᄂᆞᆫ 계시지 아닌 곳이 업ᄉᆞ시니 만물이 하ᄂᆞ님을 말미암아 잇슴이라 이ᄂᆞᆫ 참도 이니 맛당이 알지어다

無 업ᄉᆞᆯ 무
始 비로ᄉᆞᆯ 시
終 ᄆᆞᄎᆞᆷ 종 이시니
大 큰 대
本 밋 본
源 근원 원 이시니라

爲 ᄒᆞᆯ 위
天 하ᄂᆞᆯ 텬
地 ᄯᅡ 디 와
萬 일만 만
物 만물 물
先 몬져 션 에

居 살 거
天 하ᄂᆞᆯ 텬
堂 집 당 ᄒᆞ샤
顯 나타날 현
榮 영화 영
愛 ᄉᆞ랑 ᄋᆡ ᄒᆞ시나

然 그럴 연
其 그 기
體 몸 톄 는
無 업ᄉᆞᆯ 무
不 아닐 불
在 잇ᄉᆞᆯ ᄌᆡ ᄒᆞ시니

有 잇ᄉᆞᆯ 유
萬 일만 만
物 만물 물 이
由 말미암을 유
上 웃 샹
帝 님금 뎨 라

皆 다 기 上 웃 샹 帝 님금 뎨 ㅣ 親 친홀 친 造 지을 조 出 날 츌 이시니라

論 의론 론 上 웃 샹 帝 님금 뎨 컨대 本 밋 본 無 업슬 무 形 형용 형 이시며

止 긋칠 지 獨 홀노 독 一 혼 일 이시니 是 이 시 眞 참 진 神 신령 신 이시니라

全 온젼 젼 知 알 지 能 능홀 능 이시며 全 온젼 젼 聖 거륵 셩 義 올홀 의 시며

全 온젼 젼 仁 어질 인 善 착홀 션 이시며 無 업슬 무 變 변홀 변 易 밧골 역 이시며

眞 참 진
理 리치 리
便 믄두 편
讀 외일 독
三 셕 삼
字 글ᄌᆞ ᄌᆞ
經 글 경

一 ᄒᆞᆫ 일
獨 홀노 독
一 ᄒᆞᆫ 일
上 웃 샹
帝 님금 뎨

大 큰 대
造 지을 조
主 님금 쥬 는
卽 곳 즉
上 웃 샹
帝 님금 뎨 시니

帝 님금 뎨
是 이 시
誰 누구 슈 오
聽 드를 텽
仔 ᄌᆞ셰 ᄌᆞ
細 ᄌᆞ셰 셰 ᄒᆞ라

天 하늘 텬
與 더블 여
地 ᄯᅡ 디 와
人 사ᄅᆞᆷ 인
與 더블 여
物 만믈 믈 을

西曆一千九百八年

# 眞理便讀三字經

진 춤

리 처 리

변 득 믄

독 을 닑

삼 석

ᄌᆞ ᄌᆞ 글

경 글

大韓隆熙二年戊申

예수교셔회간인

부록 · Ⅱ

# 그리피스 존

## ≪진리편독삼자경(眞理便讀三字經)≫ (1880)의 원문

1. 獨一上帝

造我者 卽上帝 帝是誰 聽仔細

天與地 人與物 皆上帝 親造出

論上帝 本無形 止獨一 是眞神

全知能 全聖義 全仁善 無變易

無始終 大本源 爲天地 萬物先

居天堂 顯榮愛 然其體 無不在

有萬物 由上帝 此眞道 當知悉

2. 封神之謬

廟中佛 菩薩們 同玉皇 千萬神

人心想 人手出 非主宰 惟土木

彼偶像 盡虛空 敬拜他 毫無用

釋迦佛 是凡夫 其本國 卽天竺

諸菩薩 佛徒弟 稱爲神 大悖理

張玉帝 後漢人 徽宗時 封爲神

聞太師 爲雷祖 東嶽帝 黃飛虎

趙玄壇 生紂時 劉長生 爲祖師

此一類 生是人 到死後 只是魂

人封神 風俗敗 最虛空 最邪壞

對彼等 徒然求 無權能 害與救

人該敬 乃上帝 無有二 是眞理

看此章 當去假 敬上帝 福無涯

3. 萬有眞原

造萬物 帝創首 乃從無 而造有

清氣天 濁氣地 未造時 無二氣

此二氣 與五行 非自有 帝造成

無造有 實神妙 除上帝 無能造

造天地 萬物全 大功成 只六天

第七天 做何事 爲安息 傳於世

安息日 人該守 乃教規 垂永久

敬天地 非所宜 敬上帝 乃合理

天覆我 地載我 爲我用 祭不可

譬天地 像房屋 譬上帝 像父母

拜房屋 禮不應 敬父母 分內情

錯認天 爲上帝 乃大謬 最可惜

人多雲 盤古氏 分天地 首御世

此等話　毫無據　乃是人　捏造語

昔孔子　刪古書　其定斷　自唐虞

故四書　及五經　皆不載　盤古名

因三皇　茫無稽　司馬遷　概不題

況盤古　三皇前　更虛幻　不須言

卽一草　卽一木　天下人　做不出

況天地　實大哉　豈盤古　能分開

爾當知　帝能力　手創造　天與地

統世界　萬千數　只成帝　一國度

## 4. 聖賢敬帝

此上帝　古人知　常敬拜　略言之

類上帝　虞舜行　昭受帝　夏禹訓

皇上帝　惟降衷　成湯言　理最通

有上帝　湯王畏　敢不正　夏桀罪

周文王　或陟降　在上帝　左右旁

佑下民　作君師　相上帝　武王詞

郊社禮　事上帝　孔聖言　非無意

孟子言　人雖惡　能齋浴　祀帝可

此類語　說不盡　惜世人　心不明

錯認佛　菩薩們　天與地　玉皇等

爲上帝　爲主宰　瀆眞主　實可哀

勸爾衆　速醒悟　免上帝　動義怒

一同來　心意虔　敬上帝　莫迷眩

5. 人之本原

亞當男　夏娃女　普天下　人始祖

人之體　兩位分　一肉身　一靈魂

是何物　做人身　上帝用　土造成

人之魂　乃靈物　亦上帝　所特賦

爲氣物　人之身　有形像　有死生

身死後　魂不亡　罰地獄　賞天堂

有三魂　乃虛語　止一魂　是眞理

主造人　象己像　性維善　心維良

人始祖　住埃田　華園內　樂無邊

後在園　被逐去　是誰逐　乃上帝

爲何事　受此刑　因犯罪　違帝命

誰第一　犯帝法　祖亞當　與夏娃

接亞當　做子孫　衆心內　有惡根
天下人　皆一類　無一箇　不犯罪

6. 神鬼之別

世人外　有天使　爲帝用　成帝旨
衆天使　帝造成　乃靈物　無肉身
得救人　受其助　奉帝命　常照顧
聖書中　所言鬼　非他物　魔一類
諸邪魔　初造時　未犯法　亦天使
因犯法　被帝趕　離高天　惡萬端
專誘人　背上主　拜偶像　陷諸苦
論邪魔　終被逐　受永刑　下地獄
稱邪魔　聖書雲　卽鬼首　爾當明
眞上帝　不敬拜　眞救主　不依賴
行世間　諸邪事　卽稱爲　魔鬼子
到死後　此等人　下地獄　受沉淪
邪魔來　迷惑人　靠己力　敵不勝
靠主功　求天父　賜聖神　能救護

7. 歌頌上主

大主宰 造天地 造萬物 俱齊備

大功能 無旣極 該讚美 永不息

晝有日 光滿天 夜有月 照無邊

日月外 有衆星 皆帝造 德難名

陸地上 有五穀 同花草 同樹木

海中有 諸水族 皆上帝 造之物

林間鳥 無數隻 帝給他 常有吃

有走獸 有昆蟲 天父養 惠無窮

人之靈 稟於帝 應萬事 具衆理

上帝佑 世間人 貴與賤 總不論

每日裏 有口糧 有房屋 同衣裳

格外顯 慈愛心 遣耶穌 救萬民

故我等 該同聲 讚其名 感宏恩

8. 救世眞主

主耶穌 上帝子 從天降 來救世

非西方 聖與賢 共帝父 同榮耀

帝一體 分三位 主耶穌 位第二

此三位　是何稱　曰父子　曰聖神

子爲誰　卽耶穌　有稱道　稱基督

降生後　成爲人　有肉身　有靈魂

帝性有　人性足　合二性　成救主

我救主　無罪愆　意言行　善俱全

耶穌來　救法成　生猶太　伯利恒

母爲誰　馬利亞　乃童女　初未嫁

馬利亞　感於神　生耶穌　事果眞

主死處　是何地　小山名　格挖利

釘十架　苦難當　恩至大　永不忘

葬墳內　止三日　便復生　勝死勢

復生後　往何方　四十日　升天堂

主耶穌　來救世　用何法　成此事

一傳道　一立表　一代贖　爲至要

用眞道　化人心　遵教者　百福臨

凡言行　做榜樣　使人心　有定向

歷諸艱　死十架　贖衆罪　功至大

若赦罪　必先贖　贖人罪　乃耶穌

爾衆人　貧與富　必悔改　信救主

信救主　意當曉　認定他　爲師表

爲主宰　爲救主　愛其教　爲其徒

至悔改　知己惡　憂己罪　改己過

望救者　必知道　信與悔　爲最要

信主者　必得救　天堂福　享永久

## 9. 聖神感化

人心邪　何能正　無別法　靠聖神

在上帝　一體內　聖神是　第三位

其功用　化人善　並安慰　並照亮

使人知　己有罪　助人能　痛改悔

耶穌雲　不重生　必不進　天國門

此重生　如何講　復人善　活天良

去舊染　爲新人　聖神力　人不能

有聖神　滿於心　其德慧　日加增

信德堅　迷惑滅　忠事主　成聖潔

靠主名　求天父　方能得　聖神助

## 10. 福音聖教

上帝道　稱何名　垂永久　號福音

上帝道　要人知　莫大恩　主降世

信主道　萬福臨　因此故　稱福音

聖教會　主所立　保天道　傳地極

此聖會　助信徒　共爲善　離邪俗

教中禮　有二端　一領洗　一聖餐

領洗意　知有罪　靠聖神　除污穢

且領洗　亦表明　與耶穌　做門人

聖餐禮　主設定　表明他　代捐命

食餅子　還飲酒　記主血　爲我流

入教者　要守分　新舊約　勤講論

常禱告　守禮拜　此三條　守勿懈

耶穌徒　怎樣人　每日裏　守五倫

五倫外　敬天父　悔己罪　信耶穌

衆善德　守勿移　諸邪惡　要脫離

嫖與賭　鴉片煙　必遠開　各一邊

信主者　有所禁　凡虛事　切莫行

祭祖先　拜死屍　拜靈位　燒錢紙

擇吉日　畫符張　並扶乩　請陰陽

並測字　並起課　並相面　並命學

此一類　盡空虛　我聖教　必嚴拒

11. 去假歸眞

帝造人　意當知　要世人　行實事

實事何　敬上帝　愛衆人　如愛己

守五常　盡五倫　天下人　大本分

供祖先　祭墳塚　是大錯　眞無用

春秋祀　紙錢燒　飛作灰　盡徒勞

魂若吃　一年內　祭不多　皆凍餒

若要錢　紙何用　焚成灰　近戲弄

人死後　便歸陰　無食用　等事情

到親死　祭已遲　盡孝養　在生時

親若死　力要盡　按本分　厚葬塋

墳常修　訓勿違　記親恩　聖教規

12. 詳論禱告

凡禱告　有四意　首讚美　父上帝

次感謝　帝恩惠　第三件　認己罪

求應許　乃第四　凡禱告　要誠實

求何事　求赦宥　求佑護　求援救

爲己身　爲家內　爲本國　爲教會

凡百事　求皆可　父上帝　肯聽我

凡禱告　有四樣　禱告者　請細想

心禱一　隱禱次　私禱三　公禱四

再言明　心禱義　總不拘　在何地

偶然間　有心思　不便跪　難言之

非明說　心暗禱　心內求　爲最好

隱禱告　密室裏　獨自求　心靜一

私禱告　領家人　男與女　老幼們

每早晚　同禱籲　是聖徒　常規矩

看聖書　或一章　或數節　短不妨

同讚美　同祈求　早不行　晚必有

公禱告　教友們　同心意　拜上神

禮拜日　在會堂　或聚禱　在別方

需用物　從何至　皆帝恩　所賞賜

有用物　該知恩　常禱告　要虔誠

靠誰名　來禱告　靠耶穌　大中保

敬上帝　必禱告　若不然　虛進教

13. 審判善惡

審判主　非閻君　列十殿　都虛名

審判主　耶穌是　天下人　俱必至

照萬民　意言行　受審判　有一定

私審時　魂歸陰　帝台前　審分明

升天堂　是善人　落地獄　皆惡魂

無六道　無輪迴　止兩處　魂所歸

公審日　天地末　天下人　身再活

身與魂　各相合　聽主審　別善惡

復活事　載聖經　理最妙　爾宜明

復活事　憑據眞　主死後　三日生

復活體　與今身　有分別　難並論

今身體　無榮光　是血氣　易朽亡

復活體　榮光有　乃神靈　強不朽

身譬種　埋於土　必化後　始發出

其發生　新形狀　與種子　便兩樣

雖新形　異舊體　卻是出　原種裏

身與魂　再相合　旣合後　便發落

善升天　享永生　惡受苦　終沉淪

多謝主　使我明　此眞理　存於心

眞理明　該感激　熱心腸　事上帝

## 14. 聖教經典

人立教　俱有經　耶穌教　書何名

名聖書　由上帝　與世書　大有異

各教書　皆由人　用意想　作而成

此聖書　帝默示　猶太人　傳於世

一新約　一舊約　分兩部　意相合

此舊約　諸聖賢　感於神　寫書編

書大旨　記上主　造天地　及人物

並始祖　犯大罪　受帝罰　累後輩

降洪水　滅世界　救挪亞　繇支派

猶太人　帝選拔　爲聖民　授律法

並應許　主降世　猶太國　千年事

更外有　多聖詩　多預言　出先知

至新約　其大旨　記耶穌　降於世

在世間　親立表　行奇事　傳眞道

後釘死　十字架　贖人罪　正天法

死三日　便復活　四十日　歸帝座

其使徒　傳道理　立教會　在各地

此聖書　從天至　乃表明　上帝旨

有權柄　能定下　人本分　毫不差

有智慧　解人疑　有道理　化人迷

生死理　善惡報　讀此書　便知道

身與魂　分別出　論天堂　論地獄

救魂法　論得細　此書外　無實據

至寶貴　此書籍　萬國人　所當習

譯方言　二百處　廣流行　二約書

15. 略引聖經

有亞當　在太初　乃天下　人始祖

有夏娃　亞當婦　天下人　始祖母

有該隱　惡無理　殺亞伯　乃其弟

爲何殺　因其弟　悅帝心　起妒忌

用洪水　滅生物　是何人　得救出

有挪亞　與其妻　其三子　及三媳

子何名　閃含是　並雅弗　傳宗支

亞伯蘭　猶太祖　事上帝　信最篤

二世祖　名以撒　蒙帝愛　守帝法

以色列　即雅各　是別名　載舊約

十二子　分支派　猶太國　傳宗代

有摩西　溫柔極　領猶太　出埃及

西奈山　傳帝命　十條誡　授百姓

有大闢　在看羊　被上帝　施恩光

立爲王　管大業　使治理　以色列

大闢子　所羅門　彼生性　最聰明

救世者　即耶穌　虛己榮　降下土

到光緒　六年間　千八百　八十年

開先路　乃約翰　施洗禮　在約但

主耶穌　親領洗　旣爲人　當盡禮

十二人　從耶穌　面受教　稱使徒

奉主旨　傳福音　招萬衆　學而信

有愛徒　名約翰　傳眞理　熱心腸

有彼得　不認主　後知悔　心痛苦

賣耶穌　名猶大　其貪心　最可怕

後痛悔　不該賣　退回銀　三十塊

賣主血　罪莫比　銀退回　便自縊

釘耶穌　十架上　猶太人　惡非常

不認主　來救世　反厭惡　害至死

後來受　上帝刑　滅其國　散其民

此重刑　主先言　猶太人　今可憐

散四方　無寸土　失本國　眞苦楚

主全能　不自救　諸苦難　甘心受

因要成　救世法　願替死　德無涯

主不死　衆人魂　無指望　永沉淪

猶太人　本不知　殺害主　逞己私

獲大罪　心意凶　凡不信　罪與同

16. 警醒幼童

小子們　本不一　好不好　兩等的

惡小子　無敬心　輕上帝　逆雙親

或咒罵　或騙人　說謊話　無不能

此等人　誰不惡　第一是　上帝怒

活在世　無眞福　死必受　地獄苦

地獄裏　惡人處　與惡鬼　一同住

好小子　信救主　敬上帝　孝父母

不論是　何罪惡　心惱恨　不肯作

好小子　若身亡　到何處　卽天堂

天堂上　號明宮　多光亮　福無窮

有上帝　有耶穌　有天使　有聖徒

到天堂　心暢歡　無罪惡　無苦難

到天堂　永不離　享眞福　與天齊

# 부록 · Ⅲ

## ≪삼자경(三字經)≫ [청나라 판본]의 본문

人之初　性本善　性相近　習相遠

苟不教　性乃遷　教之道　貴以專

昔孟母　擇鄰處　子不學　斷機杼

竇燕山　有義方　教五子　名俱揚

養不教　父之過　教不嚴　師之惰

子不學　非所宜　幼不學　老何爲

玉不琢　不成器　人不學　不知義

爲人子　方少時　親師友　習禮儀

香九齡　能溫席　孝於親　所當執

融四歲　能讓梨　弟於長　宜先知

首孝弟　次見聞　知某數　識某文

一而十　十而百　百而千　千而萬

三才者　天地人　三光者　日月星

三綱者　君臣義　父子親　夫婦順

曰春夏　曰秋冬　此四時　運不窮

曰南北　曰西東　此四方　應乎中

曰水火　木金土　此五行　本乎數

曰仁義　禮智信　此五常　不容紊

稻粱菽　麥黍稷　此六穀　人所食

馬牛羊　雞犬豕　此六畜　人所飼

曰喜怒　曰哀懼　愛惡欲　七情具

匏土革　木石金　與絲竹　乃八音

高曾祖　父而身　身而子　子而孫

自子孫　至玄曾　乃九族　人之倫

父子恩　夫婦從　兄則友　弟則恭

長幼序　友與朋　君則敬　臣則忠

此十義　人所同　凡訓蒙　須講究

詳訓詁　名句讀　爲學者　必有初

小學終　至四書　論語者　二十篇

群弟子　記善言　孟子者　七篇止

講道德　說仁義　作中庸　子思筆

中不偏　庸不易　作大學　乃曾子

自修齊　至平治　孝經通　四書熟

如六經　始可讀　詩書易　禮春秋

號六經　當講求　有連山　有歸藏

有周易　三易詳　有典謨　有訓誥

有誓命　書之奧　我周公　作周禮

著六官　存治體　大小戴　注禮記

述聖言　禮樂備　曰國風　曰雅頌

號四詩　當諷詠　詩旣亡　春秋作

寓褒貶　別善惡　三傳者　有公羊

有左氏　有穀梁　經旣明　方讀子

撮其要　記其事　五子者　有荀楊

文中子　及老莊　經子通　讀諸史

考世系　知終始　自羲農　至黃帝

號三皇　居上世　唐有虞　號二帝

相揖遜　稱盛世　夏有禹　商有湯

周文武　稱三王　夏傳子　家天下

四百載　遷夏社　湯伐夏　國號商

六百載　至紂亡　周武王　始誅紂

八百載　最長久　周轍東　王綱墮

逞干戈　尚遊說　始春秋　終戰國

五霸強　七雄出　嬴秦氏　始兼并

傳二世　楚漢爭　高祖興　漢業建

至孝平　王莽簒　光武興　爲東漢

四百年　終於獻　蜀魏吳　爭漢鼎

號三國　迄兩晉　宋齊繼　梁陳承

爲南朝 都金陵 北元魏 分東西

宇文周 與高齊 迨至隋 一土宇

不再傳 失統緖 唐高祖 起義師

除隋亂 創國基 二十傳 三百載

梁滅之 國乃改 梁唐晉 及漢周

稱五代 皆有由 炎宋興 受周禪

十八傳 南北混 遼與金 皆稱帝

元滅金 絶宋世 莅中國 兼戎狄

九十年 國祚廢 太祖興 國大明

號洪武 都金陵 迨成祖 遷燕京

十七世 至崇禎 權閹肆 寇如林

至李闖 神器焚 淸太祖 膺景命

靖四方 克大定 廿一史 全在玆

載治亂 知興衰 讀史書 考實錄

通古今 若親目 口而誦 心而維

朝於斯 夕於斯 昔仲尼 師項橐

古聖賢 尙勤學 趙中令 讀魯論

彼旣仕 學且勤 披蒲編 削竹簡

彼無書 且知勉 頭懸梁 錐刺股

彼不教 自勤苦 如囊螢 如映雪

家雖貧 學不輟 如負薪 如掛角

身雖勞 猶苦卓 蘇老泉 二十七

始發憤 讀書籍 彼既老 猶悔遲

爾小生 宜早思 若梁灝 八十二

對大廷 魁多士 彼既成 衆稱異

爾小生 宜立志 瑩八歲 能詠詩

泌七歲 能賦棋 彼穎悟 人稱奇

爾幼學 當效之 蔡文姬 能辨琴

謝道韞 能詠吟 彼女子 且聰敏

爾男子 當自警 唐劉晏 方七歲

舉神童 作正字 彼雖幼 身已仕

爾幼學 勉而致 有爲者 亦若是

犬守夜 雞司晨 苟不學 曷爲人

蠶吐絲 蜂釀蜜 人不學 不如物

幼而學 壯而行 上致君 下澤民

揚名聲 顯父母 光於前 裕於後

人遺子 金滿籯 我教子 惟一經

勤有功 戲無益 戒之哉 宜勉力

# 한자 색인

* 사무엘 마펫 ≪진리편독삼자경(眞理便讀三字經)≫(1908)에 나오는 한자들임.

**ㅂ** 

**ㅅ** 

▩ ▩ ▩

**이복규 李福揆**

서경대(옛 국제대)와 경희대 대학원에서 공부(고전산문 전공)
한국학대학원과 국사편찬위원회 초서 연수과정에서 공부
서경대학교 국어국문학과 교수
국제어문학회 회장

**주요저서**

『한국한문학개론』(보진재)
『설공찬전연구』(박이정)
『교양한문』(집문당)
『중앙아시아 고려인의 생애담 연구』(지식과교양)
『한국인의 이름 이야기』(학고방)
『이홍기의 조선전설집 연구』(학고방)
다음까페 : http://cafe.daum.net/bky5587

眞理便讀三字經
**진리편독삼자경**

초판 인쇄 2012년 08월 22일
초판 발행 2012년 08월 30일

저 자 | 사무엘 마펫
편 자 | 이복규
펴 낸 이 | 하운근
펴 낸 곳 | 學古房

주 소 | 서울시 은평구 대조동 213-5 우편번호 122-843
전 화 | (02)353-9907 편집부(02)353-9908
팩 스 | (02)386-8308
전자우편 | hakgobang@chol.com
등록번호 | 제311-1994-000001호

ISBN 978-89-6071-268-3 93230

**값 : 19,000원**

※ 파본은 교환해 드립니다.